# TRAITÉ

# DES DÉLITS

## ET DES PEINES,

### EN MATIÈRE D'EAUX ET FORÊTS.

---

Les deux Exemplaires, exigés par la loi, ont été déposés à la Bibliothéque impériale.

# TRAITÉ
## DES DÉLITS,
### DES PEINES
### ET DES PROCÉDURES,

#### EN MATIÈRE D'EAUX ET FORÊTS,

O U

ANALYSE Méthodique et Raisonnée des Lois, Arrêts, Règlemens et Décisions, concernant les Délits forestiers, les Délits de chasse dans les bois, et de pêche dans les fleuves et les rivières ; la manière de constater ces Délits ; les actions auxquelles ils donnent lieu ; la forme de procéder devant les tribunaux et les cours de justice ; les jugemens et arrêts, et leur exécution.

### Par M. DRALET,

Conservateur du 13e arrondissement forestier, Membre de plusieurs Sociétés savantes.

## A PARIS,

Chez ARTHUS - BERTRAND, Libraire, rue Hante-Feuille, n. 23, acquéreur du fonds de M. Buisson, et de celui M. Desaint.

1807.

# SOMMAIRE DE L'OUVRAGE.

## PREMIÈRE PARTIE.

### *Des délits et des peines.*

# DEUXIÈME PARTIE.

## *Des poursuites et des condamnations.*

iv

# TABLE

# CHRONOLOGIQUE

DES LOIS, RÈGLEMENS ET DÉCISIONS.

1333, 11 juin. Ordonnance de Philippe de Valois, sur les eaux, rivières, et étangs.

1376, juillet. Ordonnance de Charles V, sur les eaux et forêts.

1402, sept. Ordonnance de Charles VI, sur les eaux et forêts.

1512, janv. Ordonnance de Louis XII, sur les eaux et forêts.

1518, janv. Ordonnance de François I, sur les eaux et forêts.

1529, janv. Ordonnance du même, concernant les droits d'usage.

1540, 24 nov. Ordonnance du même, sur la délivrance des bois aux usagers.

1701, 28 juin. Arrêt du Conseil, qui défend les défrichemens dans les bois des communes, à peine de 1000 fr. d'amende.

— 27 nov. Arrêt du Conseil, concernant la pêche.

1713, 7 nov. Arrêt du Conseil, qui défend les défrichemens dans les bois des communes.

1714, 13 nov. Déclaration, concernant l'incendie dans les forêts, landes et bruyères.

1723, 9 août. Arrêt du Conseil, qui défend d'établir des fourneaux, forges, martinets, verreries et augmentations de feu, sans autorisation.

1724, 16 mai. Arrêt du Conseil, qui défend les défrichemens dans les bois communaux.

1728, 23 mai. Déclaration sur le port d'armes.

— 29 juin. Arrêt du Conseil, qui défend aux usagers de mener leurs bestiaux, pendant cinq ans, dans les landes et bruyères, où le le feu a passé, et d'en approcher plus près de 2222 mètres.

1729, 22 févr. Arrêt du Conseil, qui défend les défrichemens dans les bois et pâtis communaux.

1731, 28 août. Arrêt du Conseil, concernant les landes et bruyères où le feu a passé.

1735, 29 mars. Arrêt du Conseil, qui défend les défrichemens dans les bois et pâtis communaux.

6 août. Arrêt qui défend de faire rouïr les chanvres et lins dans les rivières et étangs.

1741, 13 juin. Arrêt du Conseil, concernant les parties de bois incendiés.

—25 août. Arrêt du Conseil, sur le même sujet.

1748, 23 juill. Arrêt du Conseil, qui défend à toutes personnes de couper aucun arbre futaie marqué pour le service de la marine, à peine de 3000 fr. d'amende et de confiscation.

missaires du Gouvernement près les tribunaux, concernant les frais de poursuites en matière de délits forestiers.

An 11, 3 ther. Arrêt de la Cour de Cassation portant que les actions, en matière de délits forestiers, doivent être portées immédiatement devant les tribunaux, par les officiers forestiers.

— 20 fruc. Décision du Ministre de la justice, sur la poursuite des délits commis dans les bois communaux.

— 25 *id.* Arrêté du Gouvernement, sur la réserve qui doit être faite des bois de bourdaine, pour la fabrication de la poudre.

An 12, 7 vend. Circulaire de l'administration générale des Eaux et Forêts, renfermant une instruction du Conseiller d'Etat, chargé des Ponts et Chaussées sur l'exploitation

raux et particuliers peuvent donner des assignations et faire tous
exploits et significations relatifs
aux jugemens rendus en matière
d'eaux et forêts.

1806, 24 fév. Décret impérial, sur le mode de
règlement des frais de justice.

— 12 mars. Décret impérial, qui interdit
l'usage des armes offensives, cachées et secrètes.

— 22 *id*. Loi attributive de la poursuite
aux officiers supérieurs de l'administration forestière.

— 20 avril. Code de procédure civile.

— 29 avril. Loi qui prescrit des mesures
relatives à la procédure en matière criminelle et correctionnelle.

— 26 mai. Circulaire de M. le Conseiller
d'Etat, directeur-général de
l'administration des Eaux et Forêts, concernant les appels et le
pourvoi en cassation.

— 19 août. Décision du Grand-Juge, Mi-

xxiv

nistre de la justice, concernant
les extraits des jugemens prononcés en matière d'eaux et
forêts.

1806, 3 sept. Circulaire de M. le Conseiller
d'Etat, directeur-général de l'administration, sur le même objet.

# DICOURS PRÉLIMINAIRE.

Notre code pénal forestier est un corps dont les membres épars ne peuvent être rassemblés qu'après des recherches pénibles et une étude approfondie. Les lois qui le composent portent l'empreinte des différentes formes qu'a successivement adoptées le gouvernement : les plus anciennes de ces lois après avoir été abrogées en tout ou en partie, ont été remises en vigueur avec plus ou moins de modifications. Ainsi dans tous les cas où l'on a besoin de consulter les lois forestières, il faut en suivre la chaîne entière, pour saisir l'anneau auquel est attaché le point de la décision.

b

L'ordonnance de 1669, quelqu'étendue qu'elle fût, présentoit des lacunes, à raison desquelles on étoit souvent obligé de recourir aux ordonnances de Philippe de Valois, Charles V, Charles VI, Louis XII, François I, Henri III et Henri IV.

Les principes de cette ordonnance ont été développés, quelquefois modifiés par un millier d'arrêts du conseil et de réglemens, recueillis par Gallon, Chaillan et Pecquet.

Heureusement la plupart de ces arrêts et les quinze premiers titres de l'ordonnance qu'ils interprètent, n'ont rapport qu'à la juridiction et aux fonctions respectives des officiers des maîtrises.

Les lois de la révolution, en attribuant aux tribunaux ordinaires la connoissance des délits forestiers, ont fait crouler tout cet échaffaudage de jurisprudence ; mais on est encore obligé de rechercher dans ses débris, un grand nombre de dispositions éparses, qui servent de règle en matière de délits.

Quant aux autres titres de l'ordonnance de 1669, leurs principaux articles, tour-à-tour attaqués et défendus, ont résisté à l'esprit d'innovation ; et ils sont encore le *palladium* du domaine des eaux et forêts, quoique plusieurs aient été sensiblement modifiés par les lois nouvelles.

Ces lois sont de deux sortes : les unes rendues dans les premiers élans de la révolution, autorisent la licence et ne lui présentent aucun frein ; telles sont celles qui ont permis aux particuliers de disposer de leurs bois sans restriction, et celles qui ont aboli les droits exclusifs de la chasse et de la pêche. Les autres, fruit de la sagesse et de l'expérience, sont marquées au sceau du génie qui préside aux destinées de l'Empire ; elles abrogent ou modifient certaines lois révolutionnaires, et rappellent autant que les circonstances peuvent le permettre, les principes consacrés par les anciennes ordonnances. Telles sont les lois rendues depuis l'an 9, sur l'administration des bois des communes, sur les coupes des futaie et les défrichemens, sur les droits de parcours et de pâturage, sur la chasse et sur la pêche.

Il résulte de ces changemens, que le code pénal forestier des Français, se compose ; 1°. de quelques dispositions contenues dans douze ordonnances rendues sous les rois qui ont précédé Louis XIV ; 2°. des articles de l'ordonnance de 1669 auxquels il n'a pas été dérogé ; 3°. de plusieurs arrêts du conseil qu'il faut chercher dans un millier d'autres rendus sur la même matière, mais dont la plupart sont devenus inutiles ; 4°. de plus de deux cents lois rendues pendant la révolution, mais dont il ne reste qu'une foible partie auxquelles il soit nécessaire d'avoir recours ; 5°. de seize lois principales émanées du gouvernement consulaire et de l'autorité impériale et royale ; 6°. de plusieurs décisions du conseil d'état ; 7°. de divers arrêts de la cour de cassation ; à quoi on peut ajouter un grand nombre de décisions des ministres et d'instructions de l'administration générale des eaux et forêts, approuvées par le gouvernement.

Telles sont les sources trop nombreuses où il faut puiser les dispositions législatives qui nous gouvernent en matière d'eaux et forêts.

« L'on éprouve, en s'occupant de
« cette matière, le besoin de trouver
« réuni dans un cadre une foule de
« lois et règlemens, épars dans une
« multitude de volumes ».

C'est ce cadre désiré par un des
membres les plus distingués du tri-
bunat, que j'ai l'honneur de présenter
aux personnes qui ont des droits à
exercer ou des obligations à remplir
dans les forêts.

Cette tâche étoit la seule que je me
fusse d'abord imposée; mais ayant fait
hommage de mon travail à un fonctionnaire public éminent, dont le suf-
frage sera toujours ma plus douee récompense ; ce magistrat m'a donné
l'idée d'un nouveau travail en m'hon-
norant de la réponse suivante :

« J'ai lu avec plaisir, monsieur, le
« manuscrit que vous m'avez adressé

« et j'ai trouvé que vous y aviez rap-
« pelé avec ordre et clarté, les dis-
« positions des divers règlemens fo-
« restiers.

« Vous avez dit ce qui est ; mais
« vous avez laissé désirer ce qui de-
« vroit être, en retranchant de ces rè-
« glemens , ou y ajoutant ce qui
« pourroit rendre le service plus expé-
« ditif et la répression des délits plus
« assurée ».

Sous de pareils auspices , j'ai ras-
semblé les observations que la nature
de mes fonctions m'a mis à portée de
faire sur les avantages et les incon-
véniens attachés à nos lois forestières
actuelles. Ce nouveau travail, que je
terminerai incessamment, sera suivi
d'un projet de code forestier. Ainsi,
après avoir présenté un tableau de ce
qui est, je ferai dans un second vo-

lume, l'examen des différentes parties de ce tableau et l'esquisse de celui qui me paroît pouvoir lui être substitué.

Cette entreprise est sans doute peu proportionnée à mes forces; mais je les consulte rarement lorsque je crois avoir une occasion de me rendre utile.

La France attend du génie bienfaisant qui la gouverne, un code qui assurera la prospérité de la plus importante des propriétés nationales. Dans cette circonstance, il est sans doute avantageux que les officiers des forêts mettent au jour le fruit de leur expérience. Les lois forestières doivent être calquées sur la nature, et la nature ne se laisse deviner que par les hommes qui l'observent de près en tenant registre des faits qui décèlent sa marche;

# TRAITÉ
# DES DÉLITS,
## DES PEINES
### ET DES PROCÉDURES,
#### EN MATIÈRE D'EAUX ET FORETS.



## PREMIÈRE PARTIE

### DES DÉLITS ET DES PEINES.

## CHAPITRE PREMIER.

*Notions générales sur les délits dont il s'agit, et sur le genre de peines dont ils sont punis.*

FAIRE ce que défendent, ne pas faire

1

ce qu'ordonnent les lois, qui ont pour objet la conservation et la police des forêts, de la chasse et de la pêche, est un délit.

Les lois qui seront ci-après analysées, en spécifiant les actes qui doivent être considérés comme délits de ce genre, déterminent les peines que doivent subir ceux qui s'en rendent coupables.

Ces peines ne sont ni afflictives ni infamantes : les seules qui soient prononcées en matière d'eaux et forêts sont l'amende, la confiscation et l'emprisonnement, indépendamment de la restitution et des dommages-intérêts. (1)

L'amende est solidaire entre les complices (2), elle ne peut être au-des-

_____________

(1) Loi des 19-22 juillet 1791, tit. 2, art. 1. Loi du 3 brumaire an 4, art. 609.

(2) Même loi des 19 22 juillet, 1791, tit. 2, art. 42.

sous de la valeur de trois journées de travail (1). Elle emporte contrainte par corps, de même que la restitution et les dommages-intérêts (2). La peine d'emprisonnement ne peut être moindre de trois jours (3); elle n'excède jamais l'espace de deux ans (4). Elle est la même que la peine corporelle qui se trouve prononcée par divers articles de l'ordonnance de 1669 (5).

Il faut observer que cette ordonnance prononce aussi, dans différens cas, les peines du fouet, du carcan et même des

______

(1) Loi du 23 thermidor an 4, art. 2.

(2) Loi des 19-22 juillet 1791, tit. 2, art. 41.

(3) Loi du 23 thermidor an 4, art. 2.

(4) Loi des 19-22 juillet 1791. — Loi du 5 fructidor an 3, art. 233.

(5) Décision du ministre de la justice, du 18 thermidor an 4.

galères, particulièrement lorsqu'il s'agit de délits de chasse et de pêche dans les rivières navigables, et que l'art. 609, du code des délits et des peines, du 3 brumaire an 4, veut que les tribunaux appliquent aux délits qui sont de leur compétence, les peines portées par ladite ordonnance. En prenant cet article à la lettre, on pourroit en conclure que les peines du fouet, des galères et du carcan, peuvent être appliquées aux délits en matière d'eaux et forêts; mais ce seroit une erreur, attendu que les tribunaux de police et de police correctionnelle, seuls compétens pour connoître de ces délits, ainsi qu'on le verra dans la suite, ne peuvent prononcer de peines plus fortes que l'emprisonnement (1).

---

(1) Loi du 22 frimaire an 8, art. 64.

( 5 )

Cette peine doit être infligée chaque fois qu'il s'agit d'un délit, qui, d'après l'ordonnance, seroit puni du fouet, du carcan ou des galères. Il est juste que les tribunaux remplacent ainsi des punitions plus graves, qu'ils n'ont plus le droit de prononcer. S'il en étoit autrement, il est certains délits qui pourroient être commis impunément, tels que ceux en récidive, contre lesquels l'ordonnance prononce souvent une peine afflictive, sans prononcer de peine pécuniaire.

Mais je dois observer qu'il ne s'agit ici que de délits de bois, de chasse et de pêche proprement dits ; c'est-à-dire, de contraventions aux ordonnances rendues sur ces matières. Il est certains enlèvemens de bois qui sont de véritables vols, et dont les auteurs doivent être punis selon les dispositions de

l'art. 11 de la loi du 25 frimaire an 8.
C'est d'après ce principe que le tribunal
de cassation , par son jugement du
25 ventôse an 12 , a cassé et annulé
le jugement rendu par le tribunal criminel du département des forêts , le
27 nivôse précédent , pour avoir considéré, comme simple délit forestier, un
vol d'arbres coupés et façonnés dans
une vente de bois.

## CHAPITRE II.

*Des délits commis dans les foréts
impériales.*

Les dispositions des lois, en matière
de délits forestiers, sont générales ou
particulières. Les premières sont obligatoires pour les citoyens de toutes

les classes; les secondes font des défenses ou imposent des obligations qui
ne concernent que certaines personnes.

## § 1.

### *Dispositions générales.*

Ces dispositions ont le double but de
conserver dans son intégralité le sol
des forêts, et de faire respecter leurs
produits.

### *Du sol des forêts impériales.*

Le sol peut être endommagé par les
défrichemens ou par l'extraction des
matières qui le composent.

*Les défrichemens* dans les bois appartenant nûment au domaine, ou
dans ceux où il a intérêt, sont défendus, sous peine de privation de tous

droits dans ces bois, d'amende arbitraire, de prison, de rétablir les lieux en leur premier état, et de tous dépens et dommages-intérêts (1).

*L'extraction* de sable, terre, marne et argile est défendue dans l'étendue et aux reins des forêts impériales, sous peine de 500 fr. d'amende, et de confiscation des chevaux et harnois. Il est aussi défendu aux officiers forestiers de souffrir de telles extractions, à peine de pareille amende de 500 fr. (2).

Nul ne peut faire ouverture de carrières dans l'étendue et aux reins des forêts, sans permission expresse du gouvernement, à peine de 1,000 fr. d'a-

---

(1) Ordonnance de Francois I<sup>er</sup>., du mois de janvier 1518, art. 24, et de Henri III, du mois d'avril 1588.

(2) Ordonnance de 1669, tit. 27, art. 12.

mende. Les officiers forestiers doivent s'opposer à ces entreprises , à peine d'interdiction, et de répondre , en leur pur et privé nom , de tous dommages-intérêts en résultant (1).

L'ouverture et l'exploitation desdites carrières ne peuvent avoir lieu , lorsqu'elles ont été autorisées, que d'accord avec les ingénieurs des ponts et chaussées et les officiers forestiers (2).

## Des produits des forêts impériales.

Les produits se composent des arbres, de leurs fruits et des herbages.

*Les arbres* de délits sont des chê-

---

(1) Arrêt du conseil du 3 décembre 1690.

(2) Circulaire de l'administration générale des eaux et forêts , du 7 vendémiaire an 12 , n°. 171.

nes , des arbres fruitiers ou de toute autre espèce : on les enlève en grume ou façonnés ; ils sont transportés à dos d'hommes , à charge de bètes de somme ou sur des charrettes : ce sont des arbres exploitables ou des arbres de réserve. Les peines encourues par les délinquans sont différentes, suivant ces divers cas, ainsi qu'on va le voir.

Il est très - expressément défendu d'arracher aucun plan de chêne , charme ou autres bois dans les forêts impériales, sans permission du gouvernement, à peine de punition exemplaire et de 5oo fr. d'amende (1).

L'amende ordinaire pour délits commis depuis le lever jusqu'au coucher du soleil, sans feu , sans scie , par per-

_______________

(1) Ordonnance de 1669 , tit. 22 , art. 11.

sonnes privées, n'ayant charge, usages, ateliers et commerce dans les forêts impériales, bois et garennes, est, pour la première fois, de 12 fr. 32 c. pour chaque mètre de tour de chênes et de tous autres arbres fruitiers indistinctement, même du châtaignier ; de 7 fr. 70 c. pour chaque mètre de tour de saule, hêtre, orme, tilleul, sapin, charme et frêne ; et 4 fr. 62 c. pour chaque mètre de tour d'arbres de toute autre espèce, vert, *en étant* sec ou abattu ; le tout pris à cent soixante-deux millimètres près de terre (1).

---

(1) Même ordonnance de 1669, tit. 32, art. 1., conforme aux ordonnances de 1518 et 1588.

Pour faciliter l'application de cet article de l'ordonnance, l'administration générale des Eaux et Forêts a fait publier un tarif où l'on

Ceux qui ont éhoupé, ébranché et déshonoré des arbres, doivent être condamnés à la même amende au mètre de tour, que s'ils les avoient abattus par pied (1).

Il est défendu à toute personne de charmer ou brûler les arbres, et d'en enlever l'écorce, à peine de punition corporelle (2).

Pour chaque charretée de merrain, bois carré de sciage ou de charpenterie, l'amende est de 80 fr. ; pour la charretée de bois de chauffage, de 15 fr., pour la charge de cheval ou bourrique,

---

trouve le montant des amendes qui doivent être payées à raison des différentes grosseurs métriques des arbres de délit ; lequel tarif est inséré à la fin de cet ouvrage.

(1) Ordonnance de 1669, tit. 32, art. 2.

(2) *Ibid.* tit. 27, art. 22.

de 4 fr. ; et d'un franc pour le fagot ou la fouée (1).

Pour étalons, baliveaux, parois, arbres de lisière, et autres arbres de réserve, l'amende est de 50 fr.; elle est de 100 fr. pour pied cornier marqué du marteau impérial, abattu ; et de 200 fr. pour pied cornier arraché et déplacé (2).

Néanmoins, l'amende pour baliveaux de l'âge du taillis au-dessous de vingt ans, est réduite à 10 fr. (3).

Si les délits se trouvent avoir été commis depuis le coucher jusqu'au lever du soleil, par scie ou par feu, soit par les officiers forestiers ou officiers

___

(1) Ordonnance de 1669, tit. 32 ; art. 3.
(2) *Ibid.* art. 4.
(3) *Ibid.* tit. 32, art. 4.

des chasses , arpenteurs , layeurs , gardes , usagers , coutumiers , pâtres, paissonniers , marchands ventiers , leurs facteurs , gardes – ventes , bucherons , charbonniers , charretiers , maîtres de forges , fourneaux ; soit par les tuiliers , briquetiers et tous autres employés à l'exploitation des forêts et des ateliers des bois en provanant, l'amende est double (1).

Toutes les personnes ci-dessus doivent être privées, en cas de récidive ; savoir : les officiers forestiers et de chasses , de leurs places ; les marchands, de leur ventes, et les usagers , de leurs droits et coutumes (2).

Les marchands , maîtres de forges , fermiers , usagers , riverains et autres

_______________

(1) Ordonnance de 1669 , art. 5.
(2) *Ibid.* art. 6.

occupant les maisons, fermes et autres héritages dans l'enclos et à huit kilomètres des forêts impériales, sont responsables civilement de leurs commis, charretiers, pâtres et domestiques (1).

Les restitutions, dommages et intérêts doivent être adjugés pour tous délits, au moins à pareille somme que porte l'amende (2).

Outre l'amende, la restitution et les dommages – intérêts, il y a toujours confiscation des chevaux, bourriques et harnois qui se trouvent chargés de bois de délits, et des scies, haches, serpes, coignées et autres outils, dont les particuliers coupables et complices sont trouvés saisis (3).

------

(1) Ordonnance de 1669, art. 7.
(2) *Ibid.* art. 8.
(3) *Ibid.* tit. 32, art. 9.

Les usagers et autres personnes trouvées de nuit dans les forêts impériales , hors les routes et grands chemins , avec serpes , haches , scies ou coignées , seront emprisonnés et condamnés , pour la première fois , à six francs d'amende, et à vingt francs la seconde (1).

Il est fait défense à toute personne de porter et allumer du feu , en quelque saison que ce soit , dans les forêts, landes et bruyères impériales , celles des communes , hospices et autres établissemens publics et des particuliers , à peine de punition corporelle et d'amende arbitraire , outre la réparation des dommages que l'incendie pourroit avoir causés , dont les communes et

______________

(1) Ordonnance de 1669, tit. 27 , art. 34.

( 17 )

autres qui ont choisi les gardes, de-
meureront civilement responsables (1).

Il est également défendu, et sous les
mêmes peines, d'allumer du feu plus
près de neuf cent soixante-dix mètres
des forêts, landes et bruyères impériales (2).

Mais il faut observer que l'incendie
dans les forêts et bois taillis, lorsqu'il
est commis par malice ou vengeance,
et à dessein de nuire à autrui, est puni
de mort, suivant l'art. 32 de la 2^me. sect.
du tit. 1 du Code pénal des 25 septembre, 6 octobre 1791. Si les officiers
forestiers acquièrent la connoissance

_______________

(1) Ordonnance de 1669, art. 32, rappelée dans l'arrêté du directoire exécutif, du 25
pluviôse an 6.

(2) Déclaration du roi, du 13 novembre
1714.

d'un tel crime , ils sont tenus d'en faire la dénonciation oficielle au substitut du procureur général impérial , conformément à l'art. 83 du Code des délits et des peines.

*Les fruits* sont particulièrement destinés , par la nature , à la propagation des espèces ; les lois veillent à ce qu'ils restent dans les forêts pour leur repeuplement.

L'art. 1 de la loi du 12 fructidor an 2 , permettoit à tout particulier de ramasser les glands , les faînes et autres fruits sauvages dans les forêts nationales ; mais cette loi n'a point abrogé l'ordonnance de 1669 ; el'e en a seulement suspendu l'exécution , quant à la défense d'amasser les glands et les faînes. Ses dispositions étoient purement transitoires , et son exécution a dû cesser avec les circonstances qui l'avoient fait porter. C'est ainsi que s'explique , au sujet de cette loi, le ministre de la justice, dans une circulaire écrite, au mois de thermidor an 10, aux commissaires du gouvernement près les tribunaux criminels et correctionnels.

Ainsi, toutes personnes privées amassant de jour des glands ou faînes, et les emportant des forêts, boqueteaux, garennes et buissons , sont condamnées, pour la première fois , à l'amende, savoir : pour faix à col, de 5 francs ; pour charge de cheval ou bourrique, de 20 francs ; et pour harnois, de 40 francs ; au double pour la seconde fois ; et en tout cas , à la confiscation des chevaux, bourriques et harnois qui se trouvent chargés (1).

_______________

(1) Ordonnance de 1669 , tit. 32 , art. 12.

Lorsqu'il est reconnu qu'il y a suffi-samment de glands et de faînes dans les forêts les officiers forestiers font, un état du nombre de porcs qui peuvent y être mis en panage, et du nombre de ceux qu'y peuvent envoyer les usagers (1).

L'adjudication de la glandée se fait dans les formes ordinaires, à la charge par l'adjudicataire de souffrir la quantité des porcs qui aura été réglée pour les usagers (2).

La glandée n'est ouverte que depuis le premier octobre jusqu'au premier février. Les adjudicataires et usagers ne peuvent y mettre leurs porcs en plus grand nombre que celui compris

(1) Ordonnance de 1669, tit. 18, art. 1.
(2) *Ibid.* art. 2.

dans l'adjudication , et après les avoir fait marquer au feu , et déposé au bureau de l'inspecteur forestier l'original de la marque ; sur peine de 100 francs d'amende et de confiscation de ce qui se trouvera excéder le nombre , ou être marqué de fausse marque (1).

Il est défendu à toutes personnes , autres que les usagers et les adjudicataires et leur ayant-cause , d'envoyer ou mener leurs porcs en glandée dans les forêts impériales , à peine de 100 fr. d'amende et de confiscation (2).

*Les herbages* protègent les premiers jets des semences forestières contre l'ardeur du soleil ; en pourrissant sur le sol , ils augmentent l'épaisseur de la

_______________

(1) Ordonnance de 1669 , art. 3.
(2) *Ibid.* art. 4.

couche végétale des forêts. Les lois
veillent à la conservation des herbages,
avec d'autant plus de raison, qu'on ne
peut se promettre de les couper ou
arracher, sans détruire les jeunes plants
forestiers qu'ils entourent.

Les herbages sont exposés à être coupés par les hommes et à être broutés
par les bestiaux.

Toutes personnes privées, coupant
ou amassant de jour des herbages de
tels nature et âge que ce soit, et les
emportant des forêts, boqueteaux, garennes et buissons, sont condamnées
aux mêmes amendes que ceux qui
amassent et emportent les glands et
faînes, dont il vient d'être parlé (1).

Les bestiaux en broutant l'herbe, ne

_______________

(1) Ordonnance de 1669, tit. 32 , art. 12.

causent pas seulement aux forêts les mêmes dommages que les hommes qui la coupent ; mais ils mangent en même temps les sommités des jeunes taillis ; ce qui les réduit à un état d'abroutissement auquel il ne peut être remédié que par le recépage.

Les bestiaux des personnes non usagères trouvés en délit, ou hors des lieux, des routes et des chemins désignés, doivent être confisqués ; et dans le cas où les bêtes ne pourroient être saisies, les propriétaires doivent être condamnés en l'amende, qui est de vingt francs pour chaque cheval, bœuf ou vache ; de cinq francs pour chaque veau ; de trois francs pour mouton ou brebis ; du double pour la seconde fois, et du quadruple pour la troisième. Les maîtres, pères, chefs de famille, propriétaires, fermiers et locataires des maisons y résidens, étant dans tous les cas civilement responsables de leurs pâtres et autres gardes et conducteurs (1).

On voit que cet article de l'ordonnance ne prononce aucune peine contre les personnes non usagères, qui conduisent leurs chèvres dans les forêts; mais puisque d'après l'art. 13, du tit. 19, qui sera ci-dessous rapporté, les usagers ne peuvent le faire, sans encourir la confiscation et l'amende de 3 francs par bête; à plus forte raison, ces peines doivent-elles êtres prononcées contre les non usagers qui se rendent coupables du même délit.

Il est défendu à tous particuliers d'envoyer leurs bestiaux en pâturage, sous prétexte de baux et congés des officiers

______

(1) Ordonnance de 1669, tit. 32, art. 10.

forestiers, receveurs ou fermiers du domaine, même des engagistes ou usu-fruitiers, à peine de confiscation des bestiaux trouvés en pâturage, et de 100 fr. d'amende (1).

## § II.

### *Dispositions particulières.*

Les dispositions particulières des lois dont il s'agit, concernent les riverains des forêts, les usagers, les marchands adjudicataires des coupes, les employés de l'administration générale des Eaux et Forêts, et les officiers des chasses.

### *Riverains des Forêts.*

Tous riverains possédant bois, joi-

---

(1) Ordonnance de 1669, tit. 19, art. 11.

gnant les forêts et buissons impériaux, sont tenus de les en séparer par des fossés ayant un mètre trois décimètres de largeur, et un mètre six décimètres de profondeur, qu'ils entretiendront en cet état, à peine de réunion (1).

Il est défendu à toute personne de planter bois à sept cents quatorze mètres des forêts impériales, sans permission expresse, à peine de 500 fr. d'amende, et de confiscation de leurs bois, qui seront arrachés ou coupés (2).

Il est aussi défendu à toute personne de faire construire aucuns châteaux, fermes ou maisons dans l'enclos, aux rives et à deux kilomètres des forêts impériales, sans espérance d'aucune

______

(1) Ordonnance de 1669, tit. 27, art. 4.
(2) *Ibid.* art. 6.

remise ni modération des peines d'amende et de confiscation des fonds et des bâtimens (1).

La démolition de ces bâtimens, doit être poursuivie avec rigueur contre les propriétaires qui, ayant déjà été traduits en justice pour délits forestiers, commettroient des récidives, pourvu toutefois qu'il ne doive pas s'ensuivre un préjudice grave pour les maisons voisines (2).

Les cercliers, vanniers, tourneurs, sabotiers et autres de pareille condition, ne peuvent tenir ateliers dans la distance de deux mille deux cent vingt-deux mètres des forêts impériales, à

_______

(1) Ordonnance de 1669 , art. 18.
(2) Décision du conseil d'état, approuvée par l'Empereur , le 22 brumaire an 14.

peine de confiscation de leurs marchandises , et de 100 fr. d'amende (1).

Ceux qui habitent les maisons situées dans les forêts impériales et sur leurs rives , ne pourront y faire commerce, ni tenir ateliers de bois , ni en faire plus grand amas , que ce qui est nécessaire pour leur chauffage , à peine de confiscation , d'amende arbitraire et de démolition de leurs maisons (2).

Il est défendu à toute personne de faire de la chaux à sept cent quatorze mètres de distance des forêts impériales, sans permission expresse , et aux officiers forestiers de le souffrir , sous peine de 500 fr. d'amende et de confiscation des chevaux et harnois (3).

---

(1) Ordonnance de 1669 , tit. 27 , art. 30.
(2) *Ibid.* tit. 27 , art. 30.
(3) *Ibid.* art. 12.

Les possesseurs de bois joignant les forêts impériales, à titre de propriété ou d'usufruit, sont tenus de déclarer aux officiers forestiers le nombre et la qualité qu'ils doivent en vendre chaque année, à peine d'amende arbitraire et de confiscation (1).

Les maisons bâties sur perches, ateliers, loges et baraques construites en bois dans l'enceinte, aux reins et à deux kilomètres des forêts impériales, anciennes et nouvelles, par les vagabonds, et inutiles, doivent être démolies. Il leur est fait défense d'en bâtir à l'avenir dans la distance de huit kilomètres des bois et forêts impériales, sous peine de punition corporelle (2).

_______________

(1) Ordonnance de 1669, tit. 26, art. 4.
(2) *Ibid.* tit. 27, art. 17. — Décision du

Il est défendu aux riverains d'enlever le bois des laies ou tranchées pratiquées par les arpenteurs, à peine de punition exemplaire (1).

On a vu dans le § précédent, que, d'après l'art. 7 du tit. 32 de l'ordonnance de 1669, les riverains et autres occupant les maisons, fermes et autres héritages dans l'enclos et à huit kilomètres des forêts, sont civilement responsables de leurs commis, charretiers, pâtres et domestiques.

### *Usagers.*

On appelle usagers, les particuliers et les communes qui ont le droit de

---

conseil d'état, approuvée par l'Empereur, le 22 brumaire an 14.

(1) Ordonnance de 1669, tit. 15, art. 8.

faire paître leurs bestiaux ou de prendre du bois dans les forêts.

*Le droit de pâturage* est soumis aux restrictions et règles suivantes :

Il est défendu aux habitans des communes usagères, et à toutes personnes ayant droit de panage dans les forêts et bois impériaux ou en ceux des communes, hospices et autres établissemens publics et des particuliers, d'y mener ou envoyer leurs bêtes à laine, chèvres, brebis ou moutons, ni même dans les landes et bruyères , places vaines et vagues aux rives des bois et forêts, à peine de confiscation des bestiaux , et de 3 fr. d'amende pour chaque bête. Les bergers et gardes de telles bêtes , sont condamnés à 10 fr. d'amende pour la première fois ; et les maîtres , propriétaires des bestiaux et pères de famille , sont responsables civilement des condamnations rendues contre les bergers (1).

En cas de récidive, l'ordonnance prononce contre les bergers et gardes la peine de banissement et du fouet, qui, d'après ce qui a été dit au chapitre 1, doit être remplacée par l'emprisonnement.

Les droits de pâturage ou parcours dans les bois et forêts appartenant, soit à l'État ou aux établissemens publics, soit aux particuliers, ne peuvent être exercés par les communes ou particuliers qui en jouissent en vertu de leurs titres ou des statuts ou usages locaux, que dans les parties de bois qui ont été

_______________

(1) Ordonnance de 1669, tit. 19, art. 13, rappelée par le décret impérial du 17 nivôse an 13.

déclarées défensables par les officiers forestiers. Les bestiaux doivent y être
menés et gardés séparément, sans mélange de troupeaux d'autres lieux ; le
tout à peine de confiscation des bestiaux, et de destitution contre les officiers forestiers qui permettroient ou
souffriroient le contraire (1).

Lorsque les bestiaux surpris dans les
parties de bois non déclarées défensables, n'ont pu être saisis, les propriétaires doivent être condamnés, conformément à l'art. 10 du tit. 32 de l'ordonnance de 1669, en l'amende, qui,
indépendamment de la réparation et
des dommages-intérêts, est de 20 fr.
pour chaque cheval, bœuf ou vache ;

------

(1) Ordonnance de 1669, tit. 19 , art. 1 et
3·, rappelée par le décret impérial du 17
nivôse an 13.

5 fr. pour chaque veau, et 3 fr. pour chaque mouton ou brebis ; le double pour la seconde fois, et pour la troisième le quadruple de l'amende, outre le banissement des forêts contre les pâtres ou autres gardes et conducteurs : sur quoi il faut observer que l'on doit se conformer dans chaque localité aux règlemens particuliers qui ont pu modérer ces amendes (1).

Les habitans usagers doivent donner déclaration du nombre et de la qualité des bestiaux qu'ils possèdent ou tiennent à louage ; il en est fait un rôle contenant le nom de ceux à qui ils appartiennent, lequel est déposé entre les mains des officiers-forestiers, pour être

______

(1) Avis du conseil d'état, du 18 brumaire an 14.

transcrit sur un registre dûment coté
et paraphé (1).

Tous les bestiaux appartenant aux
usagers d'une même commune ayant
droit d'usage , doivent être marqués
d'une même marque, dont l'empreinte
est remise au greffe avant que lesdits
usagers puissent user du pâturage. Les
bestiaux doivent être assemblés chaque
jour en un lieu à ce destiné, et en un
seul troupeau , pour être conduits par
un seul chemin, qui est désigné par les
officiers forestiers, après avoir été jugé
le plus commode et le mieux défendu.
Les usagers ne peuvent changer de
chemin ni prendre une autre route

--------

(1) Ordonnance de 1669, tit. 19 , art. 1 et
3 , rappelée par le décret impérial du 17 nivôse an 13.

allant ou retournant, à peine de confiscation des bestiaux, et de punition exemplaire contre les pâtres et gardes (1).

Les particuliers sont tenus de mettre au cou de leurs bestiaux des clochettes, dont le son puisse avertir des lieux où ils pourront s'échapper et faire des dégâts, afin que les pâtres y courent, et que les gardes se saisissent des bêtes écartées et trouvées en dommages, hors les cantons désignés et publiés défensables (2).

Il n'est loisible à aucun habitant de mener ses bestiaux à garde séparée, ou de les envoyer à la forêt par sa femme, ses enfans ou domestiques, à peine de

_______________

(1) Ordonnance de 1669 , tit. 19 , art. 6.
(2) *Ibid.* art. 7.

10 fr. d'amende, pour la première fois, de confiscation pour la seconde , et de privation de tout usage pour la troisième (1).

Les pâtres et gardes sont choisis et nommés annuellement par le conseil général de la commune, à la diligence du Maire. La commune demeure responsable de ceux qui sont choisis (2).

Ne peuvent, les particuliers usagers , prêter leurs noms et maisons aux marchands et habitans des communes voisines, pour y retirer leurs bestiaux ; et s'il s'en trouve qui aient été ainsi retirés ou donnés frauduleusement par déclaration, ils doivent être confisqués, et l'usager est condamné pour la première

---

(1) Ordonnance de 1669 , art. 8.
(2) *Ibid.* art. 9.

fois en l'amende de 5o francs, et au cas de récidive, privé de tout usage (1).

S'il y avoit des jeunes rejets en futaie ou taillis, le long des routes et chemins où les bestiaux passent pour aller aux lieux destinés au pâturage, ensorte que le broût ne pût sûrement s'empêcher, les agens forestiers doivent tenir la main à ce qu'il soit fait des fossés suffisamment larges et profonds, pour leur conserva-tion, ou les anciens, relevés et entrete-nus, aux frais et dépens des communes usagères, par contribution, à propor-tion du nombre des bêtes qu'elles en-verront au pâturage (2).

Outre les peines prononcées contre les auteurs des incendies, il est défendu

---

(1) Ordonnance de 1669, art. 10.
(2) *Ibid.* art. 12.

aux usagers et à tous autres de mener leurs bestiaux, sous quelque prétexte que ce soit, pendant cinq ans, à compter du jour de l'incendie, dans les landes et bruyères où le feu a passé, même d'en approcher plus près de deux mille deux cent-vingt-deux mètres, à peine de confiscation des bestiaux, de 500 fr. d'amende, et de plus grande peine s'il échet (1).

Les communes qui refuseroient de porter du secours, en cas d'incendie dans une forêt, même les particuliers, qui sans raison valable, s'en dispenseroient, doivent être notés et privés de l'exercice du droit d'usage dans la forêt (2).

---

(1) Arrêts du conseil, des 29 juin, 1728, 28 août 1731, 25 avril et 13 juin 1741.
(2) Arrêté des consuls du 25 pluviôse an 6.

Le droit de prendre du bois a pour objet l'affouage ou le maronage.

*L'affouage* consiste dans la faculté qu'ont certains usagers de se pourvoir dans une forêt, du bois nécessaire à leur chauffage.

*Le maronage* consiste dans la faculté de prendre les arbres nécessaires aux constructions et réparations des bâtimens.

Les usagers qui ont le droit de prendre le bois mort et sec, ne peuvent couper les arbres ayant le houpier ou quelques branches sèches, s'ils ne sont entièrement morts et secs, à peine d'amende (1).

Ceux dont le droit consiste à enlever

---

(1) Ordonnance de Henri II, du mois de février 1554, art. 29.

le bois sec et gisant, ne peuvent se servir d'aucune espèce de ferrement, même de crochets, à peine d'amende et de
confiscation (1).

Les usagers ne peuvent prendre aucun arbre, sans qu'il ne leur ait été délivré par les officiers forestiers, à peine
d'amende et de privation des droits
d'usage (2).

Il ne peut être délivré aucun bois pour
entretenir et réparer les maisons usagères, sans que les réparations n'aient été
jugées nécessaires par gens à ce con-
noissant (3).

---

(1) Proclamation du 3 novembre 1789.

(2) Ordonnance de François I, de 1529 et
1540, et de Henri III, du mois de janvier 1583.

(3) Règlement du 4 septembre 1601, et
plusieurs arrêts rapportés par Saint-Yon,
page 1081.

Quels que soient les droits des usagers, ils peuvent toujours être restreints
par l'administration, suivant l'état et la
possibilité de la forêt (1).

Les arbres ne peuvent être partagés
sur pied ; la délivrance s'en fait au Maire ; et le bois n'est distribué aux particuliers réclamans, qu'après l'exploitation entièrement faite (2).

L'exploitation est faite par des commissaires choisis, aux frais de la commune, et capables de répondre des
malversations (3).

---

(1) Ordonnance de 1669, tit. 19, art. 5 et
tit. 20, art. 5, conforme à celle de Henri III,
du mois de janvier 1583, art. 10.

(2) Instruction publiée par l'administration
générale des Eaux et Forêts, le 25 ventôse
an 11, approuvée par le gouvernement.

(3) *Ibid.*

( 43 )

Les usagers ne peuvent vendre, donner ni permuter les bois à eux délivrés ;
ils ne peuvent en disposer autrement
que pour leurs besoins, à peine de privation de leurs droits et d'amende arbitraire (1).

Il ne doit être fait aucune nouvelle
délivrance aux usagers qui n'ont point
justifié de l'emploi des arbres qui leur
ont été précédemment délivrés (2).

Il est défendu à tous particuliers auxquels il est dû des bois à bâtir à titre
d'usage , et qui sont destinés à être
convertis en planches , d'en donner
aucune partie en paiement aux pro-

_______________

(1) Ordonnance de 1333 , 1376 , 1402 et
1526.

(2) Règlement du 4 septembre 1601 , et
plusieurs arrêts rapportés par Saint-Yon ,
page 1081.

priétaires des scieries , pour la refente desdits bois. Les planches réclamées par les propriétaires des scieries , ou qui pourroient leur être remises en contravention à la défense ci-dessus , doivent être confisquées (1).

Il est en outre défendu aux usagers d'abattre la glandée, les faînes et autres fruits des arbres , de les amasser , ni emporter , sous prétexte d'usage ou autrement , à peine de 100 francs d'a-mende (2).

Avant de terminer cet article , on rappellera que les amendes sont doubles contres les usagers qui se rendent coupables d'enlèvemens et de dégradations de bois ; que la récidive de leur part ,

---

(1) Décision du ministre des finances , du 16 frimaire an 13.

(2) Ordonnance de 1669 , tit. 27 , art. 27.

entraîne la perte de leurs droits et coutumes ; qu'ils ne peuvent, à peine de
confiscation , envoyer au panage un
plus grand nombre de porcs que celui
qui a été déterminé par les officiers forestiers ; que les usagers trouvés de nuit
avec des haches et autres instrumens
dans les forêts , hors les grands chemins, doivent être emprisonnés et condamnés à l'amende ; enfin, qu'ils sont
responsables civilement de leurs commis , charretiers, pâtres et domestiques.
C'est ce qui résulte des art. 5 , 6 et 7 du
tit. 32 ; 3 du tit. 18 , et 34 du tit. 27 ,
de l'ordonnance de 1669 ; lesquels articles ont été rapportés dans le § précédent.

L'on verra d'ailleurs que par les art. 2
du tit. 17 et 19 du tit. 27 qui vont être
rapportés dans les deux § suivans, il
est défendu aux usagers de faire des

cendres sans permission, à peine d'amende et de confiscation ; qu'il leur est aussi défendu d'ébrancher les chablis, à peine d'être poursuivis, comme s'ils avoient coupés de tels arbres par pied.

## *Marchands, Adjudicataires et Employés aux exploitations.*

IL ne peut être fait aucune vente dans les forêts, bois et buissons impériaux, qu'en vertu d'une autorisation de l'administration générale des Eaux et Forêts, s'il s'agit de coupes ordinaires ; et qu'en vertu d'un décret impérial, s'il s'agit de vente extraordinaire ; à peine de restitution du quadruple de la valeur des bois vendus contre les adjudicataires (1).

_______________

(1) Ordonnance de 1669, tit. 15, art. 1.

Les marchands, adjudicataires, ni autres particuliers, de quelque qualité que ce soit, ne peuvent faire aucune association secrète, ni empêcher, par voies indirectes, les enchères sur les bois mis en vente; et dans le cas où ils se trouveroient convaincus de monopole ou complot concerté entre eux par paroles ou par écrit, de ne point enchérir les uns sur les autres, ils doivent être condamnés, outre la confiscation, à une amende arbitraire, qui ne peut être au-dessous de 1000 francs (1).

L'adjudicataire ne peut avoir plus de

---

Loi du 29 septembre 1791, tit. 7, art. 7. — Instruction de l'administration générale des Eaux et Forêts, du 7 prairial an 9, paragraphe 1, art. 4.

(1) Même ordonnance, tit. 15, art. 23.

trois associés, qu'il est tenu de nommer au secrétariat du lieu de la vente, et qui font avec lui soumission de satisfaire à toutes les charges de l'adjudication, à peine de 1000 fr. d'amende contre lui, et de déchéance de la société contre les associés (1).

Les ventes ne peuvent être changées en tout ou en partie, sous quelque prétexte que ce soit, après l'adjudication, sous peine de punition exemplaire contre les officiers et perte de leurs places ; et de restitution du quadruple et d'amende contre les adjudicataires, sans que cette peine puisse être modérée sous quelque prétexte que ce soit (2).

______________

(1) Ordonnance de 1669, art. 24.
(2) *Ibid.* art. 14.

L'adjudicataire de bois de futaie dans les forêts impériales, dans lesquelles ils s'emploient en ouvrages, est tenu d'avoir un marteau, dont il remet l'empreinte au greffe, pour marquer le bois qu'il vend en pied, sans qu'il puisse en débiter de cette qualité, qu'ils n'aient cette marque ; et d'avoir, lui, ses facteurs ou gardes-ventes, un registre dans lequel sont écrits les noms, surnoms et domicile de ceux auxquels ils vendent du bois, la quantité et le prix, à peine de cent francs d'amende, et de confiscation ; sans que plusieurs associés puissent avoir plus d'un marteau, ni marquer d'autres bois que ceux de leurs ventes, à peine d'être punis comme faussaires. (1)

Si, néanmoins, un marchand avoit

_______________

(1) Ordonnance de 1669, tit. 15, art. 37.

( 50 )

plusieurs ventes, et que pour la distance des lieux, il fut obligé d'y tenir différens registres ; en ce cas, il peut avoir autant de marteaux que de registres, et de même marque, pourvu qu'il en ait fait faire procès-verbal et empreinte comme il est dit ci-dessus. (1)

Les bois, tant de futaie que de taillis, doivent être coupés, et les traite et vidange doivent en être faites dans les délais déterminés par le cahier des charges, à peine d'amende arbitraire et de confiscation, des bois sur pied et abattus, contre les adjudicataires ; sans que les officiers forestiers puissent accorder aucune prorogation de délai pour coupes et vidanger, sous pareille peine d'amende arbitraire et de destitution. (2)

_______________

(1) Ordonnance de 1669, art. 38.
(2) *Ibid.* art. 40 et 47,

Si toutefois les marchands étoient obligés par de justes considérations de demander quelque prorogation de délai, pour couper et vider les ventes, ils doivent se pourvoir dans le délai, et de la manière indiquée par le cahier des charges (1)

Les futaies doivent être coupées le plus bas que faire se peut, et les taillis abattus à la coignée, à fleur de terre, sans les écuisser ni éclater, ensorte que les brins des cépées n'excèdent la superficie de la terre, s'il est possible, et que tous les anciens nœuds recouverts et causés par les précédentes coupes, ne paroissent aucunement. (2)

Les arbres doivent être abattus de

_______________

(1) Ordonnance de 1669, art. 41.
(2) *Ibid.* art. 42.

manière qu'ils tombent dans les ventes,
sans endommager les arbres retenus, à
peine de dommages-intérêts contre les
marchands ; et s'il arrivoit que les arbres abattus demeurassent encroués, les
marchands ne peuvent faire abattre
l'arbre sur lequel celui qui est tombé se
trouve encroué, sans la permission du
conservateur ou des officiers forestiers,
après avoir pourvu à l'indemnité due au
gouvernement. (1)

Les bois des cépées ne peuvent être
abattus et coupés à la serpe ou à la scie,
mais seulement à la coignée, à peine
contre les marchands qui les exploite-
roient de 100 fr. d'amende et de confiscation de leurs marchandises et outils
des ouvriers. (2)

--------

(1) Ordonnance de 1669 , tit. 15 , art. 43.
(2) *Ibid.* art. 44.

Il est enjoint aux adjudicataires de faire couper, receper et ravaler le plus près de terre que faire se pourra, toutes les souches et estocs de bois pillés et rabougris étant dans les ventes, et aux officiers d'y avoir l'œil et tenir la main, à peine de suspension (1).

Ne peuvent, les marchands adjudicataires, retenir dans leurs ventes d'autres bois que ceux qui en proviennent, à peine d'être punis comme s'ils avoient volé les bois ainsi retirés (2).

Il est défendu à tout marchand, ou autre personne, de faire travailler nuitamment, ni les jours de fête dans les ventes en coupe, et d'y prendre et enle-

_______________

(1) Ordonnance de 1669, tit. 15, art. 45.
(2) *Ibid.* art. 48.

ver des bois , à peine de 100 francs d'a-
mende (1)

Les adjudicataires demeurent responsables de tous les délits qui se font
à l'ouïe de la coignée ; c'est-à-dire à la
distance de 366 mètres pour la futaie ,
et 183 mètres pour les taillis , si leurs
facteurs ou gardes-ventes n'en font leur
rapport (2)

Mais avant l'exploitation , chaque adjudicataire peut faire procéder au sou-
chetage , c'est-à-dire à la reconnoissance des délits qui pourroient avoir
été commis aux environs des ventes à
l'ouïe de la coignée , dans les formes dé-
terminées par la loi et par le cahier des
charges (3)

--------

(1) Ordonnance de 1669, tit. 15 , art. 48.
(2) *Ibid* art. 51.
(3) *Ibid.* art. 50.

Il est défendu à tous marchands adjudicataires des bois impériaux et de
ceux des particuliers joignant les forêts
impériales, et même aux propriétaires
qui les font user, d'en donner aux bûcherons et autres ouvriers pour leur sa-
laire, à peine de répondre de tous les
délits qui seront commis dans les forêts
impériales, pendant les usances et jusqu'au recolement des ventes; et aux
bûcherons et autres ouvriers travaillant
dans les forêts impériales, d'emporter,
sortant des ateliers, aucun bois scié,
fendu ou d'autre nature, à peine de
5o fr. d'amende, pour la première fois,
et de punition en cas de récidive. (1)

Il est aussi défendu aux marchands et
à leurs associés de tenir aucuns ateliers

_______________

(1) Ordonnance de 1669, tit. 27, art. 26.

et loges et de faire ouvrer bois ailleurs que dans les ventes, sous peine de 100 fr. d'amende et de confiscation (1).

Les fosses à charbon doivent être placées aux endroits les plus vides et les plus éloignés des arbres et du recru, et les marchands tenus de les repeupler et restituer, si l'ordre leur en est donné, avant qu'ils puissent obtenir leur congé de cour, à peine d'amende arbitraire (2).

Il est défendu aux marchands-ventiers, usagers et à toutes autres personnes de faire cendre dans les forêts impériales, ni dans celles des communes, hospices et autres établissemens publics, sans en avoir obtenu la per-

---

(1) Ordonnance de 1669, tit. 27, art. 29.
(2) *Ibid.* art. 22.

mission ; aux usufritiers et aux officiers forestiers de le souffrir, à peine d'a-mende arbitraire, de confiscation des bois vendus, ouvrages et outils, et privation de charges contre les officiers (1).

Ceux qui en auroient obtenu permission suffisante, ne pourront faire les cendres qu'aux endroits désignés par les conservateurs ou les officiers forestiers (2).

Les ateliers de cendres ne peuvent être faits ailleurs que dans les ventes ; et les cendres ne peuvent être transportées, que les tonneaux ne soient marqués du marteau des marchands, sous peine

_______________

(1) Ordonnance de 1669, tit. 27, art. 19.
(2) *Ibid.* art. 20.

d'amende arbitraire et de confiscation (1).

Il est défendu à tous marchands de
peler les bois de leurs ventes, étant
debout et sur pied, sous peine de 500 fr.
d'amende et de confiscation (2).

Les arbres marqués pour le service
de la marine dans les coupes assises suivant les procès-verbaux dressés par les
agens en cette partie, doivent être conservés par les adjudicataires, pour le
service auquel ils sont destinés, ainsi
que les arbres qui peuvent être marqués pour le même service après l'adjudication, ou dans le cours des exploitations, le tout à peine de confisca-

---

(1) Ordonnance de 1669, tit. 27, art. 21.
(2) *Ibid.* art. 28.

tion et de trois mille francs d'amende (1).

Les adjudicataires des coupes des
forêts impériales et communales, et
d'établissemens publics sont tenus de
mettre à part tout le bois de bourdaine
de trois, quatre et cinq ans de crue,
qui se trouvera dans lesdites ventes,
et d'en faire des bottes ou bourrées
de deux mètres de longueur sur un
mètre cinquante centimètres de grosseur, à peine de cent francs d'amende.
Le prix de ces bois leur est payé à raison de trente centimes la botte ou bour-
rée par les préposés de l'administration
des poudres (2).

---

(1) Arrêt du conseil, du 23 juillet 1748.

(2) Arrêt du conseil, du 11 janvier 1689,
rappelé par l'arrêté du gouvernement, du 25
fructidor an 11.

Si par les procès-verbaux de réarpentage, il se trouve de la surmesure
entre les pieds-corniers, le marchand
doit être condamné à la payer à proportion du prix principal et des charges
de la vente ; et s'il s'en trouve moins,
ce qui manque doit lui être rabattu à
proportion, ou remboursé en argent sur
les ventes de l'année suivante, sans
qu'il soit permis de donner récompense
en bois, ni de faire compensation en
espèce de surmesure avec le manque
de mesure (1).

S'il se rencontre quelqu'outre-passe
ou entreprise au-delà des pieds-corniers, le marchand doit-être condamné de payer le quadruple, à raison du
prix principal de son adjudication, au

______________

(1) Ordonnance de 1669, tit. 16, art. 8.

cas que les bois où elle est faite soient de même essence que celui de la vente ; s'ils étoient de meilleure nature, qualité et plus âgés, le marchand seroit tenu d'en payer l'amende et restitution au mètre de tour (1).

Il ne peut être donné aucun bois par forme de remplage, sous prétexte de places vides et de chemin qui se sont rencontrés dans les ventes ; mais l'adjudication en est faite en l'état qu'elle se trouve à peine de restitution du quadruple contre les marchands qui auroient obtenu le remplage, et de 3000 fr. d'amende, avec destitution contre les officiers forestiers qui l'auroient donné (2).

L'adjudicataire qui ne représente

--------

(1) Ordonnance de 1669, tit. 1 , art. 9,
(2) *Ibid.* tit. 15 , art. 13.

point les baliveaux, arbres de lisière, parois, tournans et pieds-corniers laissés à sa garde, est tenus de les payer, comme il a été dit ci-dessus au §. 1, contenant les *dispositions générales* (1).

Les adjudicataires sont en outre tenus de se conformer à toutes les clauses et conditions contenues au cahier des charges des adjudications, sous les peines y portées.

Il est bon de rappeler ici qu'il résulte des art. 5, 6 et 7 du tit. 32, et 3 du tit. 18 de l'ordonnance de 1669, qui ont été rapportés plus haut au § 1, contenant les *dispositions générales*.

1°. Que les amendes pour enlèvement et dégradation de bois sont doubles,

---

(1) Ordonnance de 1669, tit. 16, art. 10.

lorsqu'elles sont encourues par les marchands-ventiers, leurs facteurs, gardes-ventes, maîtres de forges, et tous autres employés à l'exploitation des forêts et des ateliers des bois en provenant ; 2°. que les marchands doivent être privés de leurs ventes en cas de récidive ; 3°. qu'ils sont civilement responsables, ainsi que les maîtres de forges, de leurs commis, charretiers, pâtres et domestiques.

## *Préposés de l'administration et officiers des chasses.*

*Les gardes* sont responsables de toutes négligences ou contraventions dans l'exercice de leurs fonctions, ainsi que de leurs malversations personnelles.

Par suite de cette responsabilité, les

gardes sont tenus des indemnités et amendes encourus par les délinquans, lorsqu'ils n'ont pas dûment constaté les délits ; et le montant des condamnations qu'ils subissent, est retenu sur leur traitement, sans préjudice de toutes autres poursuites. (1)

Ils doivent faire de trois mois en trois mois, un rapport du nombre des bornes étant autour et faisant les limites des bois et forêts impériales; de leur état et de celui des fossés et haies étant en leur garde, contenant les défauts qu'ils y auront remarqués ; faute de donner sur ce les avis et éclaircissemens nécessaires, les gardes en demeurent responsables, et sont punis d'amendes ou de destitution,

_______________

(1) Loi du 29 septembre 1791, tit. 14, art. 1 et 2, conformes à l'ordonnance de 1669, tit. 10, art. 9.

ou de l'un et de l'autre ensemble, eu égard à la qualité du fait (1).

Ils ne peuvent faire commerce de bois, tenir ateliers ou amas en leurs maisons prendre ventes ou s'associer avec les marchands, tenir cabaret ou hôtellerie, ni boire avec les délinquans qui leur sont connus, à peine de 100 fr° d'amende pour la première fois, et de plus grandes avec destitution en récidive (2).

S'il se trouve quelques arbres qui aient été abattus, arrachés ou rompus par l'impétuosité des vents, ou par quelques autres accidens, le garde dressera procès-verbal sur son registre, de leur qualité, nature et grosseur, et du lieu où il les aura trouvés, et observera si en

_______________

(1) Ordonnance de 1669, tit. 10, art. 10.
(2) *Ibid.* art. 12.

tombant ils en ont rompu ou touché d'autres par leur chute; duquel procès-verbal il est tenu d'envoyer expédition dans trois jours aux officiers forestiers, à peine de 5o fr. d'amende (1).

S'il se trouve que les gardes aient abusé de leurs armes, chassé ou tiré aucun gibier, de quelque espèce que ce soit dans les forêts impériales, ou à la campagne, ils sont punis par amende, destitution et bannissement des forêts (2).

*L'arpenteur* qui, par connivence, faveur ou corruption, céleroit un transport ou arrachement de bornes, souffriroit ou feroit lui-même un changement de pieds-corniers, seroit dès

---

(1) Ordonnance de 166g, tit. 17, art. 1.
(2) *Ibid.* tit. 10, art. 14.

( 67 )

la première fois privé de sa commission, condamné à l'amende de 5oo fr.
et banni pour toujours des forêts impériales (1).

Il est défendu aux arpenteurs et
gardes de faire les routes plus larges
d'un mètre pour passer les portes chaînes et les marchands qui iront visiter
les ventes, à peine de 1oo fr. d'amende
et de la restitution du double de la valeur
des bois abattus (2).

Les bois abattus dans les layes et
tranchées ne peuvent être enlevés; ils
demeurent au profit de l'adjudicataire
et lui appartiennent, sans que les arpenteurs ni les gardes y puissent prétendre aucune part. Il leur est fait dé-

_______________

(1) Ordonnance de 1669, tit. 11, art. 8.
(2) *Ibid.* tit. 15, art. 7.

fense d'enlever ces bois, à peine de 100 fr. d'amende et d'interdiction. (1)

L'ordonnance de 1669, tit. 15, art. 90 , punissoit d'amende arbitraire et d'interdiction les arpenteurs dont les opérations se trouvoient erronées de plus d'un arpent sur vingt; maintenant les erreurs de mesure, lorsqu'elles excèdent un hectare sur quarante , sont à la charge de ceux qui ont fait l'arpentage (2).

Si dans un mesurage , l'arpenteur commet jusqu'à trois fois, erreur d'un hectare sur vingt, de la quantité fixée pour l'assiette , il sera privé de sa commission.

*Les officiers forestiers* sont respon-

_______________

(1) Ordonnance de 1669 , tit. 15 , art. 8.
(2) Loi du 29 septembre 1791 , tit. 14 , art. 8.

sables de leurs faits personnels, ainsi que des malversations, contraventions et négligences des gardes et autres de leurs subordonnés, qu'ils n'auroient pas constatés (1).

S'il arrivoit que lesdits officiers fussent convaincus d'avoir commis supposition ou fraude dans leur rapport, ils seroient condamnés au quadruple, destitués, bannis des forêts et punis corporellement comme fauteurs et prévaricateurs (2).

Les mêmes officiers ne peuvent donner aucune permission, soit verbale-

---

(1) Instruction pour les arpenteurs-forestiers, publiée par l'administration, le 9 frimaire an 10.

(2) Loi du 29 septembre 1791, tit. 4, art. 3 4, 5 et 6.

ment, soit par écrit, de couper ou arracher aucun bois, ni de mener pâturer leurs bestiaux dans les forêts impériales, à peine de 300 fr. d'amende (1).

Ne peuvent les employés de l'administration tenir tavernes, ni exercer aucun métier où l'on emploie le bois, à peine de destitution et de 50 fr. d'amende, outre la confiscation des bois qui se trouveroient en leurs maisons (2).

Les officiers forestiers doivent veiller à la conservation des chablis, et empêcher qu'ils ne soient pris, enlevés ou ébranchés par les usagers et autres, sous prétexte de coutume et usage quel qu'il puisse être; et en cas qu'il s'en trouve de coupés par tronc ou ébranchés, ils en fe-

_______________

(1) Ordonnance de 1669, tit. 2, art. 6.
(2) *Ibid.* tit. 27, art. 31.

ront leurs rapports, de même que s'ils avoient été abattus par pied, et poursuivront contre les délinquans, les condamnations au mètre de tour; à peine d'amende arbitraire, et d'en répondre en leurs noms (1).

Ils doivent reconnoître les chablis désignés par les procès-verbaux des gardes, et les marquer du marteau impérial, à peine d'amende arbitraire, et d'en répondre en leur privé nom (2).

Il leur est défendu de vendre aucun arbre *en étant*, sous prétexte qu'ils auroient été fourchés ou ébranchés, à peine d'amende arbitraire (3).

Les officier forestiers doivent s'oppo-

___

(1) Ordonnance de 1669, tit. 17, art. 2.
(2) *Ibid.* tit. 17, art. 3.
(3) *Ibid.* art. 5.

ser 1°. à ce qu'il soit enlevé dans l'é-
tendue et aux reins des forêts impériales, sable, terre, marne et argile ; et à ce
qu'il y soit fait de la chaux à 714 mètres,
à peine de 500 fr. d'amende ; 2°. à ce
qu'il soit ouvert aucune carrière dans
l'étendue et aux reins desdites forêts, à
peine d'interdiction ; et de répondre en
leur pur et privé nom de tous dommages-intérêts en résultant ; 3°. à ce qu'il
soit fait cendres dans lesdites forêts sans
permission, à peine d'amende arbitraire
et de destitution ; 4°. à ce que les ventes
soient changées en tout ou en partie
après les adjudications, à peine de punition exemplaire et de destitution. C'est
ce qui résulte des art. 12 et 19 du titre
27 ; 14 du tit. 15 de l'ordonnance de
1669, et de l'arrêt du conseil du 30
décembre 1690, rapportés ci-dessus,
§ 1.

Les officiers forestiers qui auroient donné aux adjudicataires du bois par forme de remplage, sous prétexte de places vides, ou de chemins traversant lesdites ventes, seroient condamnés à une amende de 3000 fr. et destitués, suivant l'art. 13 du tit. 15 de l'ordonnance de 1669, rapporté ci-dessus.

Si les officiers forestiers, arpenteurs et gardes se rendoient coupables d'enlèvemens de bois et dégradations dans les forêts impériales, ils encourroient des amendes doubles de celles auxquelles sont condamnés les particuliers; et en cas de récidive, ils seroient destitués, suivant les art. 5 et 6, titre 32 de l'ordonnance de 1669, rapportés ci-dessus, §. 1er.

*Les officiers des chasses* qui commettroient de tels délits, seroient punis des mêmes peines, conformément auxdits articles.

Les officiers des chasses et les officiers forestiers, tant ceux des arrondissemens où se trouvent les ventes, que tous autres, sans distinction, leurs enfans, gendres, frères, beaux-frères, oncles, neveux, cousins-germains, ne peuvent prendre part aux adjudications, soit comme parties principales, associés, pleiges ou cautions, à peine contre les officiers adjudicataires, de confiscation des ventes, de privation de leurs places et d'amende arbitraire ; et contre leurs parens et alliés de pareille peine de confiscation et d'amende arbitraire (1).

—————————————

(1) Ordonnance de 1669, tit. 15 , art. 22.

# CHAPITRE III.

*Des délits commis dans les bois des communes, des hospices et autres établissemens publics.*

Les amendes, peines et condamnations pour délits commis dans les forêts appartenant aux communes, hospices et autres établissemens publics, sont en général les mêmes que celles qui concernent les délits commis dans les forêts appartenant à l'Etat (1).

Ainsi ce qui a été dit au chapitre précédent, concernant les forêts impériales, s'applique aux bois des communes, hospices et autres établissemens publics, notamment pour l'extraction des sables,

_______________

(1) Ordonnance de 1669, tit. 24, art. 11 et tit. 32, art. 28.

terres, marnes et argile; l'ouverture des
carrières, l'enlèvement des plants de
chêne, charme et autres arbres; les
dommages que l'on porte aux arbres en
les éhoupant, ébranchant, déshonorant,
en les charmant ou les pelant; la coupe
des étalons, baliveaux, parois, arbres
de lisière, pieds-corniers et autres arbres de réserve, l'enlèvement des herbages, des glands, des faînes et autres
fruits; les dégâts commis par les bestiaux
dans les bois de futaie; le feu allumé
dans les bois; la confection des cendres;
les ateliers de cercliers, vanniers, tourneurs, sabottiers; les fours à chaux; les
fosses à charbon; le paiement des bucherons; les usagers de toute espèce; les
adjudicataires et les employés de l'administration.

Mais certains délits commis dans les
bois appartenant aux communes, hos-

pices et autres établissemens publics, sont punis de peines particulières et différentes de celles qui concernent les forêts impériales, ainsi qu'on va le voir.

Il est défendu à toute personne indistinctement de défrichir, faire défricher ou souffrir qu'il soit défriché, quand elles pourront s'y opposer, aucun bois ni pâtis, appartenant aux communes, à peine de 1000 fr. d'amende, de confiscation des terres défrichées, et de prison contre les habitans, qui sont en outre obligés de rétablir les lieux à leurs frais (1).

Toute personne qui aura allumé du feu dans les champs, plus près de quatre-vingt-dix-sept mètres, des bois et bruyè-

_______________

(1) Arrêt du conseil du 29 mars 1735, confirmatif de ceux des 28 juin 1701, 7 novembre 1713, 16 mars 1724 et 22 février 1729.

res, sera condamné à une amende égale à la valeur de douze journées de travail, et paiera en outre le dommage que le feu aura occasionné. Le délinquant pourra de plus, suivant les circonstances, être condamné à la détention de police municipale (1).

Le maraudage ou enlèvement de bois, fait à dos d'homme, dans les bois taillis et futaie, ou autres plantations d'arbres des particuliers ou communautés, sera puni d'une amende double du dédommagement dû au propriétaire. La peine de la détention pourra être de trois mois, suivant la gravité des circonstances (2).

Le vol dans les bois taillis, futaie et autres plantations d'arbres des particu-

_________

(1) Lois des 28 septembre, 6 octobre 1791, 91, tit. 2, art. 10.

(2) *Ibid.* art. 36.

liers ou communautés, exécuté à charge de bête de somme ou de charettes, sera puni par une détention qui ne pourra être moins de trois jours, ni excéder six mois. Le coupable paiera en outre une amende triple de la valeur du dédommagement dû au propriétaire (1).

Les dégâts faits dans les bois taillis des particuliers ou des communautés, par les bestiaux ou troupeaux, seront punis de la manière suivante :

Il sera payé d'amende, pour une bête à laine, 1 franc ; pour un cochon, 1 fr. ; pour une chèvre, deux fr. ; pour un cheval ou autre bête de somme, 2 fr. ; pour un bœuf, une vache ou un veau, 3 fr.

Si les bois taillis sont dans les six pre-

______

(1) Lois des 28 sept. et 6 oct. 1791 , tit. 2, art. 37.

mières années de leur croissance, l'amende sera double.

Si les dégats sont commis en présence du pâtre, et dans les bois taillis de moins de six années, l'amende sera triple.

S'il y a récidive dans l'année, l'amende sera double; et s'il y a réunion des deux circonstances précédentes, ou récidive avec une des deux circonstances, l'amende sera quadruple.

Le dédommagement dû au propriétaire sera estimé de gré-à-gré, ou à dire d'experts. (1)

Il est défendu aux maires, adjoints et habitans des communes, sans distinction, de faire aucune coupe au triage du quart de réserve pour la fu-

_______

(1) Lois des 28 sept. et 6 oct. 1791, tit. 2, art. 38.

taie, et aux officiers forestiers de le permettre ou souffrir, à peine de 2,000 fr.
d'amende contre chaque particulier contrevenant; et en outre contre les officiers forestiers, de privation de leurs
places; sauf en cas d'incendie ou ruine
totale des églises, portes, ponts, murs
et autres lieux publics, à se pourvoir
pour obtenir l'autorisation de l'Empereur et Roi. (1)

Si pour le plus grand avantage de la
commune, il est jugé à propos qu'il se
fasse vente des coupes ordinaires, les
deniers, en provenant, sont versés entre
les mains du percepteur de la commune, et ne peuvent être employés
qu'aux réparations extraordinaires ou
affaires urgentes de la commune, d'après

______________

(1) Ordonnance de 1669, tit. 25, art. 8.
— Arrêté du directoire exécutif, du 8 thermidor an 4.

les ordonnances qui en sont délivrées par le préfet du département, à peine de répétition du quadruple, et de 5oo fr. d'amende contre les maires, adjoints ou principaux habitans qui les auroient divertis. (1)

Les administrateurs des hospices et autres établissemens publics ne peuvent couper aucun arbre de futaie ou baliveaux sur taillis, ni toucher au quart mis en réserve, ou rien entreprendre au-delà des coupes ordinaires ou réglées, sans une autorisation du gouvernement, à peine d'amende arbitraire et de restitution du quadruple de la valeur des bois coupés ou vendus. (2)

Les administrateurs légaux des com-

---

(1) Ordonnance de 1669, tit. 25, art. 12.

(2) *Ibid.* tit. 24, art. 4. — Arrêtés du directoire exécutif, des 8 thermidor an 4, 3 fructidor an 5, et 3 prairial an 8.

munes, hospices et autres établissemens
publics ne peuvent, sans autorisation
préalable, émanée de l'administration
générale des Eaux et Forêts, ou par elle
transmise, faire aucun abatage sur les
plantations de commune à commune,
ni sur celles qui appartiennent en propre
à ces communes, hospices et autres
établissemens publics, soit que les arbres soient sur les places communales,
chemins vacans, cimetières ou autres
lieux. (1)

## CHAPITRE IV.

### *Des délits commis dans les bois des particuliers.*

Les lois rendues sur les bois des par-

______

(1) Instruction publiée par l'administration générale des Eaux et Forêts, le 7 prairial

ticuliers sont de deux sortes : les unes imposent des obligations aux propriétaires de ces bois ; les autres sont relatives aux étrangers qui y commettent des délits.

Les premières ont pour objet, les défrichemens et l'exploitation des futaies.

*Défrichemens* pendant vingt-cinq ans, à compter de la promulgation de la loi, aucun bois ne peut être arraché et défriché, que six mois après la déclaration faite par le propriétaire devant le conservateur forestier de l'arrondissement où le bois sera situé. (1)

L'administration forestière peut, dans ce délai, faire mettre opposition au défrichement du bois, à la charge d'en

---

an 9, paragraphe 2, art. 39. — Autre instruction du 25 ventôse an 11, pag. 2.

(1) Loi du 9 floréal an 11 , art. 1.

référer, avant l'expiration des six mois, au ministre des finances, sur le rapport duquel le gouvernement statue définitivement dans le même délai. (1)

En cas de contravention à ces dispositions, le propriétaire est condamné par le tribunal compétent, sur la réquisition du conservateur de l'arrondissement, et à la diligence du procureur impérial; 1°. à remettre une égale quantité de terrain en nature de bois; 2°. à une amende qui ne peut être au-dessous du cinquantième, et au-dessus du vingtième de la valeur du bois arraché. (2).

Faute par le propriétaire d'effectuer la plantation ou le semis dans le délai

_______________

(1) Loi du 9 floréal an 11 , art. 2.
(2) *Ibid.* art. 3.

qui lui est fixé, après le jugement, par le conservateur, il y est pourvu à ses frais par l'administration forestière. (1)

Sont exceptés des dispositions ci-dessus, les bois non-clos d'une étendue moindre de deux hectares, lorsqu'ils ne sont pas situés sur le sommet ou la pente d'une montagne, et les parcs ou jardins clos de murs, de haies ou fossés attenant à l'habitation principale. (2)

A raison de ce dernier article, il faut observer qu'un particulier ne peut défricher sans déclaration préalable, une étendue de bois moindre de deux hectares, qu'autant que cette étendue est séparée des autres bois du propriétaire, autrement la loi pourroit

_______________

(1) Loi du 9 floréal an 11, art. 4.
(2) *Ibid.* art. 5.

être facilement éludée, puisqu'on détruiroit , par exemple, un bois de six hectares, en en défrichant deux hectares chaque année pendant trois ans.

Les semis ou plantations de bois des particuliers ne sont soumis qu'après vingt ans aux dispositions ci-dessus (1)

*Futaies*. Le martelage pour le service de la marine a lieu dans les bois des particuliers, taillis, futaies, avenues, lisières, parcs et sur les arbres épars. (2)

La coupe des arbres marqués est soumise aux règles observées pour les bois nationaux. (3)

Le paiement s'effectue avant l'enlè-

_______________

(1) Loi du 9 floréal an 11, art. 6.
(2) *Ibid.* art. 7.
(3) *Ibid.* art. 8.

vement, qui ne peut être retardé que d'un an après la coupe ; faute de quoi le propriétaire est libre de disposer de ses bois. (1)

En conséquence des dispositions précédentes, tout propriétaire de futaie est tenu, hors le cas d'une urgente nécessité, de faire six mois d'avance, devant le conservateur forestier de l'arrondissement, la déclaration des coupes qu'il a l'intention de faire, et des lieux où sont situés les bois. (2)

Le conservateur prévient le préfet maritime, dans l'arrondissement duquel sa conservation est située, pour qu'il fasse procéder à la marque en la forme accoutumée. (3)

---

(1) Loi du 9 floréal an 11, art. 9.
(2) *Ibid.* art. 10.
(3) *Ibid.* art. 11.

Il est à remarquer 1°. que les déclarations ci - dessus mentionnées doivent être faites en double sur papier timbré ; 2°. que l'on entend par futaie les arbres en massif, ou épars qui sont âgés de plus de quarante ans ; 3°. que la loi n'ayant pour objet que de conserver les arbres propres aux constructions maritimes, tels que le chêne, le sapin, le pin, le hêtre, l'orme et le frêne, les particuliers peuvent couper sans déclaration préalable les arbres futaies de toutes autres espèces, notamment les bois blancs. (1)

La loi du 9 floréal an 11, dont on vient de rapporter quelques dis-

----

(1) Décision du ministre des finances, rapportée dans une circulaire de l'administration générale des Eaux et Forêts, du 28 floréal an 12, n°. 4250.

positions, ne prononce aucune peine contre les propriétaires qui coupent des futaies sans en avoir fait leurs déclarations au conservateur ; mais elle est censée se référer à l'ordonnance de 1669, tit. 26, art. 3, qui défend à ceux qui possèdent des bois de futaie de les vendre ni faire exploiter qu'ils n'en aient six mois auparavant donné avis au grand-maître, à peine de 3,000 fr. d'amende, et de confiscation du bois coupé ou vendu. L'arrêt du conseil du premier mars 1757 est conforme à cet article de l'ordonnance.

Ceux qui couperoient des arbres marqués pour le service de la marine encourroient les mêmes peines que s'ils avoient coupé des arbres futaies sans en avoir fait leur déclaration (1)

______

(1) Arrêt du conseil du 23 juillet 1748.

Quant aux délits commis par autrui dans les bois des particuliers, les peines dont ils doivent être punis sont les mêmes que pour ceux qui se commettent dans les forêts impériales (1).

Il n'y a d'exception que pour les délits de maraudage, vol et enlèvement de bois dans les taillis et les futaies, et pour les dégâts faits par les bestiaux et troupeaux dans les taillis. Les peines relatives à ces derniers délits sont prononcées par les art. 36, 37 et 38 du tit. 2 des lois du 28 septembre, 6 octobre, 1791. Ces articles, communs aux bois des particuliers et à ceux des communes, ont été rapportés au chapitre précédent.

Avant d'aller plus loin, il est bon

_______________

(1) Ordonnance de 1669, tit. 26, art. 5, et tit. 32, art. 28.

d'observer que l'administration générale des poudres, ses commissaires et
préposés sont autorisés à faire faire
dans tous les temps la recherche, coupe
et l'enlèvement des bois de bourdaine
de l'âge de trois, quatre et cinq ans
de crue dans les bois des particuliers,
dans l'étendue de quinze myriamètres
des fabriques de poudre, à l'exception
de ceux qui sont clos et attenans aux
habitations (1).

## CHAPITRE V.

*Des délits commis dans les bois
communaux et de particuliers sur
lesquels l'Etat a des droits.*

Les bois dont il s'agit sont de deux

_______________

(2) Arrêté du gouvernement, du 25 fructidor an 11 , et décret impérial du 16 floréal
an 13.

sortes , savoir : 1°. ceux qui sont tenus à titre de concession, engagement, usufruit ou autre titre révocable; 2°. les bois en gruerie, grairie, tiers et danger, et les bois indivis.

Tous ces bois sont soumis au régime forestier (1). Les délits qui y sont commis sont punis des mêmes peines que ceux qui ont lieu dans les forêts nûment impériales; c'est ce qui résulte de l'art. 8 du tit. 22, et de l'art. 9 du tit. 23 de l'ordonnance de 1669, qui soumettoient ces bois à la juridiction du grand maître et des officiers des maîtrises particulières, de la même manière que les bois et forêts appartenant au domaine.

Mais ces deux sortes de bois ne sont

_______________

(1) Loi du 29 septembre 1791, tit. 1, art. 2 et 3.

point entièrement soumis au même mode d'administration , ainsi qu'on va le voir.

*Les concessionnaires , engagistes* et *usufruitiers* peuvent vendre de gré à gré , exploiter ou faire exploiter les bois dont les lois et règlemens leur donnent la jouissance , en se conformant d'ailleurs par eux ou leurs préposés à tout ce qui est prescrit pour l'usance des autres bois impériaux ; c'est ainsi que le prescrit l'art. 5 du tit. 10 de la loi du 29 septembre 1791 ; mais cette loi n'ayant pas dérogé à l'art. 7 du tit. 22 de l'ordonnance de 1669 , on doit en conclure, qu'ainsi qu'il est porté par ledit article , aucun fermier ou marchand ne peut s'immiscer dans les coupes , qu'en vertu des assiettes, martelages et délivrances faites par les officiers forestiers , à peine de

3000 francs d'amende, contre chacun contrevenant, et de confiscation des ventes.

Ne peuvent, les mêmes concessionnaires, engagistes et usufruitiers, disposer d'aucune futaie, arbres anciens, modernes ou baliveaux sur taillis, même de l'âge du bois, réservés ès dernières ventes, ni des chablis, arbres de délits, amendes, restitutions et confiscations en provenant (1).

Ne peuvent aussi, ni leurs fermiers, procureurs, agens et receveurs, prendre ou faire couper aucuns arbres anciens, modernes ou baliveaux sur taillis, par arpent ou par pied, pour entretien et réparations des maisons, moulins et bâtimens dépendans du

_________________

(1) Ordonnance de 1669, tit. 22, art. 5.

même domaine, ou sous aucun autre prétexte, qu'en vertu d'un décret impérial, à peine de privation, de l'amende et restitution au pied de tour contre les possesseurs, et de condamnation solidaire aux mêmes amendes et restitutions, tant contre leurs fermiers, agens et receveurs, que contre les marchands et entrepreneurs qui les auroient exploités, et d'interdiction contre les officiers forestiers qui en feroient la délivrance, outre les mêmes amendes, restitution, dommages et intérêts, sans modération et sans recours (1).

Ces dispositions de l'ordonnance sont applicables aux bois affectés à la dotation des sénatoreries et de la légion d'honneur (2).

_____________

(1) Ordonnance de 1669, tit. 22, art. 6.
(2) Sénatus-Consulte du 8 frimaire an 12.

Quant aux bois tenus en *gruerie*, *grairie*, *tiers et danger*, et *par indivis*, ils sont régis par l'administration généraledes Eaux Forêts, comme les forêts impériales (1).

Les officiers forestiers sont obligés d'y faire visite au moins une fois l'année, et d'en dresser procès-verbal ; le tout à peine d'interdiction et de répondre en leurs noms des délits, abus et malversations (2).

S'il se trouve, par les procès-verbaux, aucune usurpation ou défrichement entrepris sans autorisation expresse du gouvernement, les auteurs

—

— Arrêtés du gouvernement du 28 ventose suivant.

(1) Loi du 29 septembre 1791, tit. 11, art. unique.

(2) Ordonnance de 1669, tit. 23, art 19.

5

seront condamnés à rétablir les choses dans le premier état, et aux amendes, restitutions, dommages et intérêts, suivant la rigueur des ordonnances (1).

Toutes les amendes et confiscations adjugées pour ces bois, appartiennent à l'état, sans que les possesseurs y puissent rien prétendre ; mais ils ont la même part aux restitutions, dommages et intérêts, qu'ils ont droit et coutume d'avoir aux ventes (2).

Les ventes ordinaires sont faites par autorisation de l'administration générale des Eaux et Forêts, dans les mêmes formes qui doivent s'observer pour les forêts impériales. Les coupes extraordinaires ne peuvent être faites qu'en vertu d'un décret impérial, à peine de

_______________

(1) Ordonnance de 1669, tit. 23, art. 23.
(2) *Ibid.* art. 12.

destitution contre les officiers forestiers, de privation de tous droits contre les possesseurs, d'amende arbitraire et de confiscation des ventes contre les marchands (1).

## CHAPITRE VI.

### *Des délits de chasse.*

Les lois relatives à la chasse sont générales ou particulières : les premières renferment des mesures tendantes à prévenir la destruction du gibier sur tout le sol de l'empire : les secondes concernent l'exercice de la chasse sur certaines propriétés, telles que les bois et forêts.

### § 1.

### *Lois générales sur la chasse.*

On sait que le droit exclusif de la chasse a été aboli par les lois des 4, 5,

----

(1) Ordonnance de 1669, tit. 23, art. 10.

7, 8 et 11 août 1789 ; que, par la loi du 30 avril 1790, il a été défendu à toutes personnes de chasser, en quelque temps et de quelque manière que ce soit sur le terrein d'autrui, sans son consentement ; et que les particuliers peuvent chasser sur leurs propriétés, en se conformant aux lois de police.

Ce nouvel ordre de choses a rendu inutiles la plupart des dispositions réglementaires qui s'observoient autrefois sur cette matière ; mais il en reste quelques-unes, auxquelles il n'a pas été dérogé, et dont nous allons rendre compte.

Il est défendu à qui que ce soit de prendre en tous lieux les œufs de caille, perdrix et faisans, à peine de 100 fr. d'amende pour la première fois, et du double pour la seconde (1).

_______________________

(1) **Ordonnance de 1669, tit. 30, art. 8,**

Tous tendeurs de lacs, tirasses, ton-
nelles, traîneaux, bricoles de cordes
et de fil d'archal, pièces et pans de
rets, colliers, halliers, filets de soie,
sont punis corporellement et condamnés en 3o fr. d'amende, en quelque
lieu que les délits soient commis (1).

Il est défendu à toute personne, sans
distinction de qualité, de temps et de
lieu, de porter des fusils et pistolets à
vent, et autres armes offensives cachées
et secrètes, à peine de six mois d'emprisonnement et de 5oo fr. d'amende (2).

---

rappelé par l'arrêté du directoire exécutif du
28 vendémiaire an 5.

(1) Ordonnance de 1669, tit. 3o, art. 12,
rappelée par ledit arrêté.

(2) Déclaration du 23 mars 1728. — Décret
impérial du 2 nivôse an 14. — Décret impérial
du 12 mai 1806.

La chasse aux chiens couchans est interdite à tous particuliers, à peine contre les contrevenans de 200 fr. d'amende pour la première fois, du double pour la seconde, et du triple pour la troisième (1).

Dans tous les cas, les armes avec lesquelles la contravention a été commise, sont confisquées, sans néanmoins que les gardes puissent désarmer les chasseurs (2).

Les pères et mères répondent des délits de leurs enfans mineurs de vingt ans, non mariés, ou domiciliés avec eux, sans pouvoir néanmoins être contraints par corps (3).

_______________

(1) Ordonnance de 1669, tit. 30, art. 16.
(2) Loi du 30 avril 1790, art. 5.
(3) *Ibid.* art. 6.

Si les délinquans sont déguisés ou masqués, ou s'ils n'ont aucun domicile connu dans l'empire, ils sont arrêtés sur le champ, à la réquisition de la municipalité (1).

## § 2.

### *De la chasse dans les bois et forêts.*

La chasse dans les *forêts impériales* fut interdite à toute personne sans distinction, par la loi du 30 avril 1790, et ensuite par l'arrêté du directoire exécutif, du 28 vendémiaire an 5. Mais par un autre arrêté du 19 pluviôse suivant, les corps administratifs étoient autorisés à permettre aux particuliers qui avoient des équipages et autres moyens pour la

_______________

(1) Loi du 30 avril 1790, art. 7.

chasse aux animaux nuisibles, de s'y li-
vrer, sous l'inspection et la surveillance
des agens forestiers.

Maintenant la surveillance et la police
des chasses dans toutes les forêts impériales, sont dans les attributions du
grand-veneur de la couronne.

La louveterie fait partie des mêmes
attributions.

Les conservateurs, les inspecteurs,
sous-inspecteurs et gardes forestiers, reçoivent les ordres du grand-veneur,
pour tout ce qui a rapport à la chasse et
à la louveterie (1).

Les permissions de chasse ne sont
accordées que par le grand-veneur; elles
sont signées par lui, enregistrées au se-
crétariat-général de la venerie, et visées

_______________

(1) Décret impérial du 8 fructidor an 12.

par le conservateur dans l'arrondissement duquel ces permissions ont été
accordées.

Les conservateurs et inspecteurs forestiers, et les conservateurs des chasses
veillent à ce que les lois et règlemens
sur la police des chasses soient ponc-
tuellement exécutés (1).

Les dispositions qui peuvent être faites par suite des différens arrêtés concernant les animaux nuisibles, appartiennent aux attributions du grand-veneur (2).

Il est fait défense à toute personne
qui n'est point munie d'une permission,
de chasser à feu, et d'entrer ou demeu-

---

(1) Règlement du grand-veneur de la couronne, du premier germinal an 13.

(2) Attributions des grands officiers de la
couronne, art. 16 et 18. *Du grand veneur.*

rer de nuit dans les forêts impériales ,
bois et buissons en dépendant , avec armes à feu , à peine de 100 fr. d'amende (1).

Il est défendu à qui que ce soit de
prendre dans les forêts impériales , garennes , buissons , plaisirs , aucuns aires
d'oiseaux de quelque espèce que ce soit ,
à peine de 100 fr. pour la première fois ,
et du double pour la seconde (2).

Les officiers des chasses et subsidiai-
rement les officiers forestiers , sont tenus
de faire fouiller et renverser tous les terriers de lapins qui se trouvent dans les
forêts impériales , et de prendre les la-

________________

(1) Ordonnance de 1669 , tit. 30 , art. 4 ,
rappelée par l'arrêté du directoire exécutif du 28
vendémiaire an 5.

(2) Ordonnance de 1669 , tit. 30 , art. 8.

pins avec furets et poches, à peine de 5oo fr. d'amende, et de suspension de leur place pour un an (1).

Il est défendu à qui que ce soit de tirer dans les forèts et bois impériaux , les cerfs et biches (2), à peine de 25o fr. d'amende (3).

Quant aux *bois communaux*, la chasse y est interdite à tout particulier sans distinction; puisque l'art. 1<sup>er</sup>. de l'arrêté du gouvernement, du 19 ventôse an 10, assimile sous tous les rapports, l'administration des bois communaux à celle des bois nationaux. C'est

---

(1) Ordonnance de 1669, tit. 3o ,'art. 11.

(2) *Ibid.* art. 15 , et règlemens du grand-veneur du premier germinal an 13.

(3) Ordonnance de Henri IV, du mois de juin 1601.

d'après ce principe que le tribnnal de cassation a cassé le 21 prairial an 11, un jugement du tribunal criminel du département de la Roër, qui avoit déchargé deux particuliers, des poursuites intentées contre eux par l'administration, comme prévenus de délits de chasse, sous prétexte qu'ils n'avoient chassé que dans un bois communal. Les maires sont autorisés à affermer le droit de chasse, dans les bois de leur commune, à la charge de faire approuver les conditions de la mise en ferme, par le préfet et le ministre de l'intérieur (1).

Nul n'a le droit de chasser dans les *bois des particuliers* sans leur consentement (2).

Les propriétaires ou possesseurs

_______

(1) Décret impérial du 25 prairial an 13.
(2) Loi du 30 avril 1790, art. 1.

autres que les simples usagers, peuvent chasser ou faire chasser dans leurs bois et forêts en tous temps ; mais ils ne peuvent s'y servir de chiens courans dans la saison où les terres et vignes sont couvertes de leurs fruits (1).

Toute personne qui , sans autorisation suffisante, chasse dans les bois appartenant soit aux communes, soit aux particuliers, doit être condamnée à une amende de 20 fr. envers la commune du lieu, à une indemnité envers le propriétaire , sans préjudice de plus grands dommages, s'il y échet (2).

L'amende et l'indemnité ci-dessus statuées sont portées respectivement à 30 f. et à 15 fr. quand le terrain est clos de

---

(1) Loi du 30 avril 1790 , art. 13.
(2) *Ibid.* art. 1.

murs et de haies ; et à 40 fr. et 20 fr. dans les cas où le terrain clos tiendroit immédiatement à une habitation (1).

Chacune de ces peines est doublée en cas de récidive ; elle est triplée s'il survient une troisième contravention ; et la même progression est suivie pour les contraventions ultérieures ; le tout dans le courant de la même année seulement (2).

Le contrevenant qui n'a pas, huitaine après la signification du jugement, satisfait à l'amende prononcée contre lui, est contraint par corps, et détenu en prison pendant vingt-quatre heures pour la première fois ; pour la seconde

_______________

(1) Loi du 3 avril 1790, art. 2.
(2) *Ibid.* art. 3.

fois, pendant huit jours; et pour la troisième ou ultérieure contravention, pendant trois mois (1).

Avant de terminer ce chapitre, on doit observer que les délits de chasse commis par les militaires en garnison ou présens à leur corps, sont conformément au droit commun, de la compétence des tribunaux correctionnels, nonobstant l'avis du conseil d'état du 7 fructidor an 12 (2).

# CHAPITRE VII.

## *Des Délits de pêche dans les fleuves et les rivières.*

Les droits exclusifs de la pêche ont

---

(1) Loi du 30 avril 1790, art. 4.

(2) Avis du conseil d'état, approuvé par l'Empereur le 30 frimaire an 14.

été abolis comme les autres droits féodaux par les art. 2 et 5 du décret du 25 août 1792, et par les décrèts interprétatifs des 6 et 30 juillet 1793.

En conséquence, chacun a eu pendant long-temps la liberté de pêcher dans les fleuves et les rivières.

Maintenant tout individu qui, n'étant ni fermier de la pêche, ni pourvu de licence, pêche dans les fleuves et rivières navigables, autrement qu'à la ligne flottante, tenue à la main, est condamné :

1°. A une amende qui ne peut être moindre de 50 fr. ni excéder 200 fr.

2°. A la confiscation des engins et filets de pêche.

3°. En des dommages-intérêts envers le fermier de la pêche, d'une somme pareille à l'amende.

( 113 )

L'amende est double en cas de récidive (1).

Les fermiers de la pêche et les porteurs de licence ne peuvent exercer
leurs droits qu'en se conformant aux
articles suivans de l'ordonnance de
1669, dont l'exécution a été ordonnée
par l'arrêté du directoire exécutif du
28 messidor an 6.

Il est défendu de pêcher en quelques
jours et saisons que ce puisse être, à
autres heures que depuis le lever du
soleil jusques à son coucher, sinon aux
arches des ponts, aux moulins et aux
gords, où se tendent des dideaux, auxquels lieux on peut pêcher tant de nuit
que de jour (2).

_______________

(1) Loi du 14 floréal an 10, titr. 5, art. 14,
et arrêté dn gouvernement du 19 nivose an 12.
(2) Ordonnance de 1669, tit. 31, art. 5.

Les pêcheurs ne peuvent pêcher dans le temps de frai : savoir aux rivières où la truite abonde sur tous les autres poissons, depuis le premier février jusques à la mi-mars; et aux autres depuis le premier avril, jusqu'au premier juin, à peine pour la première fois de 20 fr. d'amende et d'un mois de prison et du double de l'amende et de deux mois de prison pour la seconde (1).

Est exceptée toute fois de cette prohibition la pêche aux saumons, aloses et lamproies, qui sera continuée en la manière accoutumée (2).

Les pêcheurs ne peuvent mettre bires ou nasses d'osier à bout de dideaux pendant le temps de frai, à peine de 20 fr. d'amende et de confiscation du

---

(1) Ordonnance de 1669, tit. 31, art. 6.
(2) *Ibid.* art. 7.

harnois pour la première fois , et d'être privés de la pêche pendant un an pour la seconde (1)

Il leur est permis néanmoins d'y mettre des chausses ou sacs , du moule de quatre centimètres en carré , et non autrement, sous les mêmes peines ; mais le temps de frai passé, ils peuvent mettre des bires ou nasses d'osier à jour, dont les verges soient éloignées les unes des autres de vingt-sept milli-mètres (2).

Il est fait très-expresse défense aux pêcheurs de se servir d'aucuns engins et harnois prohibés par les anciennes ordonnances sur le fait de la pêche, et en outre de ceux appelés giles, tra-

------

(1) Ordonnance de 1669, tit. 31, art. 8.
(2) *Ibid.* art. 9.

mail, furet, épervier, chalon, sabre, dont elles ne font pas mention, et de tous autres qui pourroient être inventés pour le dépeuplement des rivières; comme aussi d'aller au barandage et mettre des bacs en rivière, à peine de de 100 fr. d'amende pour la première fois, et de punition corporelle pour la seconde. (1)

Il leur est défendu en outre de bouiller avec bouilles ou rabots, tant sur les chevrins, racines, saules, osiers, terriers ou autres arches, qu'en autres lieux, et de mettre lignes avec échets et amorces vives, ensemble de porter chaînes et clairons en leurs battelets, et d'aller à la fare, ou de pêcher dans les noues avec filets, et d'y bouiller pour prendre le poisson et le frai qui a pu y être porté

_______________

(1) Ordonnance de 1669, tit. 31, art. 10.

par le débordement des rivières , sous quelque prétexte, en quelque temps et manière que ce soit , à peine de 5o fr. d'amende contre les contrevenans, et d'être bannis des rivières pour trois ans, et de 3oo fr. d'amende contre les officiers forestiers qui en auroient donné la permission. (1)

Les pêcheurs rejettront en rivière les truites carpes, barbeaux, bresmes et monniers qu'ils auront pris, ayant moins de seize centimètres entre l'œil et la queue, et les tanches, perches et gardons qui en auront moins de treize et demie, à peine de 1oo fr. d'amende, et de confiscation contre les pêcheurs et marchands qui en auront vendu ou acheté. (2)

----

(1) Ordonnance de 166g, tit. 31 , art. 11.
(2) *Ibid.* art. 12.

Il est défendu à toute personne de jeter dans les rivières aucune chaux, noix vomique, coque-de-levant, momie et autres drogues ou apprêts, à peine de punition corporelle. (1)

Les épuves ne peuvent être prises et enlevées sans avoir été reconnues et et adjugées à celui qui les reclame. (2)

Il est fait défense à toute personne d'aller sur les marcs, étangs et fossés lorsqu'ils sont glacés, pour en rompre la glace y faire des trous, et d'y porter flambeaux, brandons et autres feux, à peine d'être punis comme de vol. (3)

Tels sont les articles du tit. 31 de l'ordonnance de 1669, dont l'exécution

-----

(1) **Ordonnance de 1669**, tit. 31, art. 16.
(2) *Ibid.* art. 17.
(3) *Ibid.* tit. 22, art. 18.

a été ordonnée par l'arrêté du 28 messidor an 6 précité. Cet arrêté ne fait pas mention de l'art. 4 du même titre, qui défend aux pêcheurs de pêcher aux jours de dimanche et fête, sous peine de 40 fr. d'amende ; mais aucune loi actuellement en vigueur n'ayant dérogé audit article, il doit être exécuté.

Quant aux rivières *non-navigables*, le droit d'y pêcher appartient aux propriétaires riverains ; ils ne peuvent en user qu'en se conformant aux dispositions de l'ordonnance qui viennent d'être rapportées. (1)

Les communes peuvent donc avoir le droit de pêcher sur les rivières non-

_______________

(1) Avis du conseil d'état du 27 pluviôse an 13, approuvé par l'Empereur et Roi le 30.

navigables lorsqu'elles ont des bois, pâtis, ou autres propriétés qui y aboutissent; mais dans ce cas, elles sont tenues d'affermer ce droit au plus offrant dernier enchérisseur. (1)

Tous particuliers habitans, autres que les adjudicataires, qui ne pourront être que deux en chaque commune ne peuvent pêcher ès-eaux, étangs, rivières, fossés, marais et pêcheries communes, nonobstant toutes coutumes et possessions contraires, à peine de 3o fr. d'amende et d'un mois de prison pour la première fois, et de 1oo fr. d'amende avec bannissement de la paroisse en récidive. (2)

Les riverains peuvent empêcher tou-

_______________

(1) Ordonnance de 166g, tit. 25, art. 17.
(2) *Ibid.* art. 18.

tes personnes de pêcher le long de leurs propriétés, et faire condamner les contrevenans aux mêmes peines que ceux qui pêchent dans les fleuves et rivières navigables sans en avoir le droit (1).

Il est défendu à toutes personnes de jeter des immondices et mettre les chanvres et lins à rouir dans les rivières et étangs, à peine de confiscation et d'amende arbitraire. (2)

---

(1) Ordonnance de 1669, tit. 26, art. 5.

(2) *Ibid.* tit. 27, art. 42. — Arrêt du parlement de Bretagne du 6 août 1735. — Arrêt du conseil du 28 décembre 1756.

## SECONDE PARTIE.

### DES POURSUITES ET DES CONDAM-NATIONS.

***

## CHAPITRE PREMIER.

*Servant d'introduction à cette seconde partie.*

Depuis plusieurs siècles, les législateurs ont reconnu que les lois qui protègent les propriétés ordinaires étoient insuffisantes pour éloigner des eaux et forêts le brigandage et la rapine. Ces lois exigent, pour constater les vols et en punir les auteurs, une somme de preuves qu'il est rare de pouvoir rassembler

dans l'obscurité des bois et sur le bord
des rivières. Il falloit donc des formes
plus simples pour poursuivre et atteindre les délinquans en matière d'eaux
et forêts. C'est pourquoi les lois rendues
en cette partie, veulent qu'ils soient
jugés d'après le simple rapport d'un, et
dans certains cas, de deux hommes revêtus d'un caractère suffisant. Il falloit
aussi que la peine suivît de près les délits ; pour parvenir à ce but, l'édit du
mois de décembre 1543 chargea les officiers des eaux et forêts d'exercer la juridiction contentieuse concurremment
avec les juges ordinaires. Mais ces officiers, en vertu de l'ordonnance de 1669,
connurent, à l'exclusion de tous autres
juges, tant au civil qu'au criminel, de
tous procès mus pour fait d'eaux et forêts, pêche et chasse, sauf l'appel aux
sièges des tables de marbre ou aux par-

lemens, suivant la nature des affaires.

La révolution a établi un nouvel ordre de choses. Les officiers forestiers sont seulement parties poursuivantes en matière de délits d'eaux et forêts ; et ces délits sont jugés par les tribunaux et cours de justice ordinaire, ainsi qu'on le verra dans la suite.

## CHAPITRE II.

### *Des personnes ayant qualité pour constater les délits, et de la main-forte.*

Les personnes autorisées par les lois à constater les délits en matière d'eaux et forêts sont, chacun en ce qui les concerne et dans les cas déterminés, les gardes-forestiers, les gardes-pêche, les officiers forestiers, les commissaires de police et autres officiers de police judiciaire.

## § I<sup>er</sup>.

### *Gardes-Forestiers.*

Ces gardes sont de trois sortes ; savoir : les gardes des forêts impériales, les gardes des bois des communes, des hospices et autres établissemens publics, et les gardes des bois des particuliers.

*Les gardes impériaux* sont nommés par l'administration des Eaux et Forêts ; (1) elle leur délivre des commissions qui doivent être timbrées à l'extraordinaire. (2) Ils n'entrent en fonctions qu'après avoir prêté serment et fait enregistrer leurs commissions au

------

(1) Loi du 29 septembre 1791. tit. 3, art. 5.

(2) Décision du ministre des finances du 18 thermidor an 9.

tribunal de première instance de leur résidence. (1)

Ces gardes sont chargés de constater par des procès-verbaux, les délits qui portent atteinte aux propriétés forestières impériales, (2) les délits commis dans d'autres bois que ceux dont la garde leur est confiée, lorsqu'ils en sont requis par les propriétaires ; (3) les délits de chasse dans les forêts impériales, (4) les délits de pêche dans les fleuves et les rivières navigables. (5)

---

(1) Loi du 16 nivôse an 9 , art. 7.

(2) Loi du 3 brumaire an 4 , art. 41.

(3) Loi du 9 floréal an 11 , art. 12.

(4) Arrêté du directoire exécutif du 28 vendémiaire an 5 , art. 2. — Règlement du grand-veneur de la couronne, du 1er germinal an 13, art. 4.

(5) Loi du 14 floréal an 10, tit. 5 , art. 17.

Les procès-verbaux de ces gardes doivent aussi faire foi en justice pour les délits de pêche commis dans les rivières non-navigables; c'est ce qui résulte implicitement de l'art. 7 de la loi du 14 floréal an 11, qui met la police et la conservation de la pêche, sans distinction, sous la surveillance des agens et préposés de l'administration forestière.

Le pouvoir ainsi donné aux gardes forestiers impériaux de constater les délits de pêche, s'exerce concurremment avec les gardes-pêche, ainsi qu'on le verra plus bas.

Comme les arbres des grandes routes et ceux des canaux sont mis sous la surveillance des officiers-forestiers, par la loi du 18 messidor an 10, les gardes-forestiers, en leur qualité d'officiers de police judiciaire, peuvent, sans doute, constater les contraventions aux lois rendues sur cette matière; mais attendu que d'après la loi du 29 floréal précédent, les détériorations qui se commettent sur ces sortes de plantations sont réprimées par voie administrative, un garde-forestier qui a constaté un délit de cette nature, doit transmettre son procès-verbal au sous-préfet de l'arrondissement, chargé de faire cesser provisoirement les dommages.

*Les gardes des communes, hospices et autres établissemens publics,* sont nommés par les administrateurs légaux desdites communes et établissemens; leur nomination est soumise à l'approbation du conservateur de l'arrondissement ; celui-ci délivre aux gardes nommés, des commissions, qu'il envoie à l'administration générale des Eaux et Forêts, pour être visées et enregistrées. Ces gardes prêtent serment devant les tribunaux de première instance, sur la réquisition du procureur-impérial. (1)

Ils sont chargés de constater les délits commis dans les triages qui leur sont confiés, en se conformant à ce qui est prescrit aux gardes forestiers impériaux (2); les délits commis dans d'autres bois communaux et impériaux que ceux dont la garde leur est confiée, ainsi que dans ceux des bois des particuliers, lorsqu'ils en sont requis par les propriétaires (3).

Les délits de chasse dans les bois, dont

_________

(1) Loi du 9 floréal an 11, art. 10 et 12.

(2) Loi du 29 septembre 1791, tit. 12, art. 6.

(3) Loi du 9 floréal an 11, art. 12.

ces gardes ont la surveillance, sont aussi par eux constatés; car ils exercent dans ces bois les mêmes fonctions que les gardes impériaux dans leurs triages; et l'on peut inférer des dispositions de l'art. 12, de la loi du 9 floréal, qui vient d'être cité, que les gardes des communes et des établissemens publics, ont aussi caractère pour constater les délits de chasse, commis dans d'autres bois, que ceux qui leur sont confiés, lorsqu'ils en sont requis.

D'après l'avis du conseil d'état, du 27 pluviôse an 13, approuvé par S. M. l'Empereur et Roi, le 30, les communes et les établissemens publics ont le droit de pêche sur les parties de rivières non-navigables qui longent leurs bois. Ce droit étant une dépendance de la propriété forestière, les gardes dont il s'agit doivent veiller à ce qu'il soit respecté, et ont conséquemment le pouvoir de constater les délits de pêche qui sont commis sur lesdites parties de rivière.

Ils doivent aussi avoir le même pouvoir pour les délits de pêche, commis sur d'autres parties de rivière, soit parce qu'ils sont officiers de police judiciaire ; soit parce qu'ils peuvent être considérés comme des préposés de l'administration, qui a la police générale de la pêche ; soit enfin parce que pouvant rechercher les délits de bois autres que ceux commis dans leurs triages, on peut en conclure qu'il en est de même à l'égard des délits de pêche.

Ce qui a été dit plus haut des gardes-forestiers impériaux, au sujet des détériorations commises sur les arbres des grandes routes et des canaux, s'applique aussi aux gardes-forestiers des communes et des établissemens publics.

*Les gardes des bois des particu-
liers* ne peuvent exercer leurs fonctions,
qu'après avoir été agréés par le conservateur des Eaux et Forêts, et avoir prêté
serment devant le tribunal de première
instance (1).

Ces gardes ayant dans les bois qu'ils
surveillent les mêmes devoirs à remplir
que les gardes impériaux et communaux, n'ont pas seulement qualité pour
y constater les délits forestiers ; leurs
procès-verbaux font aussi foi en justice
pour constater les délits de chasse commis dans l'enceinte desdits bois, et les
délits de pêche sur les parties de rivières
non-navigables, auxquelles ces bois
aboutissent.

_______________

(1) Loi du 9 floréal, an 11, art. 15.

## § II.

### *Gardes-pêche.*

Les gardes-pêche sont de deux sortes: les uns sont nommés par l'administration générale des Eaux et Forêts de la même manière que les gardes forestiers impériaux ; les autres sont établis par les fermiers de la pêche, auxquels la loi du 14 floréal an 10 donne cette faculté, à la charge d'obtenir l'approbation du conservateur des Eaux et Forêts. Les uns et les autres n'entrent en fonctions qu'après avoir prêté serment devant le tribunal de première instance.

Les premiers, comme préposés de l'administration, à qui la loi donne la police générale de la pêche, doivent constater dans l'étendue de leur cantonnement, toutes les contraventions aux lois rendues sur cette matière.

Les gardes-pêche nommés par les fermiers, n'ont pas seulement qualité pour verbaliser contre toute personne, qui, sans en avoir le droit, pêchent dans leurs cantonnemens, autrement qu'à la ligne flottante, tenue à la main; ils doivent aussi veiller sur tout ce qu'on entreprend sur les rivières non navigables et ruisseaux afluens; c'est ce que l'on remarque dans la circulaire de l'administration du 28 prairial an 11, n°. 96.

## § III.

### *Officiers forestiers.*

Les inspecteurs et sous-inspecteurs peuvent constater par des procès-verbaux faisant foi en justice toutes les

contraventions aux lois forestières; les
délits de chasse dans les forêts de
l'empire, des communes et des établissemens publics; ainsi que les délits de
pêche dans les fleuves et rivières. C'est
ce qui résulte de l'art. 13 du tit. 9 de la
loi du 29 septembre 1791 qui n'établit
aucune distinction entre les procès-verbaux dressés par les préposés de l'administration, et veut en général qu'ils fas-
sent preuve suffisante dans les cas déterminés. Les procès-verbaux que dressent les officiers forestiers ne sont point
soumis à l'affirmation comme ceux
des gardes, suivant l'art. 15 du tit. 9
de la même loi. Il a été décidé par le
ministre de la justice le 9 frimaire an
10, et par le grand-juge, ministre de
la justice, le 16 ventôse an 12 que
cette loi du 29 septembre 1791 ayant
été maintenue en vigueur par celle du

5 brumaire an 4, c'étoit à tort que quelques commissaires du gouvernement avoient prétendu que les officiers forestiers n'avoient pas qualité pour dresser des procès-verbaux, sous le prétexte qu'ils n'étoient point désignés par cette dernière loi, comme officiers de police judiciaire.

Lorsque des délits contraires à la police et à la conservation des bois ont été commis, soit dans une forêt nationale, soit dans une forêt de la couronne ; et que parmi les prévenus ou complices, il y a un ou plusieurs agens ou préposés de l'administration des Forêts, le directeur général de l'administration des forêts, les cinq administrateurs desdites Forêts, l'administrateur général des forêts de la couronne, et les conservateurs qui leur sont respectivement subordonnés, peu-

vent en dresser procès-verbal et instruire, ainsi qu'il sera expliqué ci-après,
tant contre celui ou ceux des prévenus qui sont agens ou préposés de l'administration, que contre leurs complices, quoiqu'ils ne soient pas agens
ou préposés de l'admi nistration des forêts.

Ils peuvent également dresser procès-verbaux, et instruire contre toutes
personnes qu'ils surprenent en flagrant
délit, sans qu'il soit nécessaire, dans
ce cas, que parmi les prévenus, il
y ait un ou plusieurs agens ou préposés de l'administration.

Le directeur général de l'administration des forêts, les cinq administrateurs desdites forêts, l'administrateur général des forêts de la couronne, et les conservateurs, sont en
conséquence autorisés dans les cas qui

viennent d'être déterminés, à délivrer, lorsqu'il y a lieu, tous mandats d'amener et de dépôt, à interroger les prévenus, à entendre les témoins, à faire toutes recherches, perquisitions ou visites qui sont nécessaires à saisir les bois de délits, les voitures, chevaux, instrumens et ustensiles des délinquans, apposer des scellés, et généralement à faire jusqu'au mandat d'arrêt exclusivement, et en se conformant aux lois sur l'instruction correctionnelle et criminelle, tout ce que les magistrats de sûreté et directeurs du jury pourroient faire.

L'instrcution doit-être faite sur les lieux ou dans une des communes de l'arrondissement où le délit a été commis.

Lorsqu'ils procèdent aux opérations ci-dessus indiquées, ils peuvent se faire

assister d'un agent inférieur de l'administration qui remplit les fonctions de
greffier , et auquel ils font préalable-
ment prêter le serment de les remplir
fidèlement.

Après l'instruction , le directeur général de l'administration des Forêts nationales , l'administrateur général des
forêts de la couronne , les administrateurs des forêts, ou le conservateur qui
a instruit, renvoie les prévenus et les
pièces devant le directeur du jury, qui
suivant la nature du délit , renvoie lui-
même devant le tribunal compétent,
soit spécial , soit criminel , soit de police correctionnelle , pour y être procédé conformément aux lois.

Les substituts, magistrats de sûreté,
directeurs du jury et autres fonctionnaires de l'ordre judiciaire auxquels la
poursuite des délits est confiée, n'en

demeurent pas moins chargés de faire directement, et d'office, toutes les diligences convenables pour atteindre et faire punir dans les cas ci-dessus déterminés, comme dans tous autres cas, les auteurs et complices des dégradations et malversations commises dans les forêts impériales et dans les forêts de la couronne ; et, en cas de concurrence entre eux et les officiers supérieurs des forêts, la poursuite du délit demeure à ceux, qui les premiers, ont délivré un mandat, soit de dépôt, soit d'amener. (1)

Les officiers forestiers, de tout grade, sont chargés de veiller à l'exécution des arrêts du conseil, des 9 août 1723 et 28 janvier 1750, et de l'art. 2, du tit. 2, de la loi du 28 juillet 1792 qui défen-

_______________

(1) Loi du 22 mars 1806.

dent de construire sans autorisation du gouvernement, des moulins à scie, des fourneaux, forges, martinets, verreries et autres établissemens qui occasionnent une augmentation de feu ; mais les contraventions à ces lois n'étant pas de la compétence des tribunaux, les fonctions des officiers-forestiers se bornent, à cet égard, à dresser contre les contrevenans des procès-verbaux, qu'ils adressent aux autorités administratives compétentes.

## § IV.

### *Commissaires de police et autres officiers de police judiciaire.*

Les commissaires de police, et les maires et adjoints qui en font les fonctions dans les communes dont la population ne s'élève pas à cinq mille habitans, ainsi que les juges de paix et tous autres fonctionnaires publics, ayant le titre d'officiers de police judiciaire, peuvent, en cette qualité, constater par des procès-verbaux les délits relatifs à la chasse, à la pêche, même aux bois et forêts dans leurs arrondissemens respectifs, mais ces dispositions des tit. 2 et 4 de la loi du 3 brumaire an 4 ne doivent s'entendre que de la concurrence qui est accordée aux juges de paix et commissaires de police, pour rechercher et constater les délits de cette espèce, et pour suppléer soit l'absence, soit la négligence des gardes foresti rs. C'est ainsi que s'explique le ministre des finances dans une circulaire écrite aux préfets le 18 pluviose an 11.

J'observerai, avant de terminer ce chapitre, que les gendarmes impériaux et les huissiers, doivent procéder, lorsqu'ils en sont requis, à la saisie des bois coupés en délit, vendus ou achetés en fraude, à la charge de ne pouvoir en faire la perquisition, qu'en présence d'un officier municipal, qui ne peut s'y refuser. (1)

Les brigades de la gendarmerie impériale doivent aussi prêter main-forte, lorsqu'elle leur est légalement demandée par les administrateurs et officiers-forestiers, pour la répression des délits relatifs à la police et à l'administration forestière, lorsque les gardes-forestiers ne sont pas en force suffisante pour arrêter les délinquans. (2)

Les gendarmes doivent, ainsi que les

_______

(1) Loi du 11 décembre 1791, art. 4.
(2) Loi du 28 germinal an 6, art. 133. — Loi du 9 floréal an 11, art. 18.

gardes-forestiers, saisir les dévastateurs de bois lorsqu'ils sont pris sur le fait. (1)

## CHAPITRE III.

### *Des Procès-Verbaux.*

Les procès-verbaux font foi en justice, s'il n'y a inscription de faux, ou s'il n'est proposé de cause valable de récusation. (2)

Cependant si le délit est de nature à emporter une condamnation à une amende et une indemnité excédant la somme de 100 fr., le procès-verbal qui le constate doit être appuyé d'un témoi-

______

(1) Loi du 3 brumaire an 4, art. 41, loi du 28 germinal an 6, art. 125, n° 7 et 26. Loi du 7 pluviose an 9, art. 4.

(2) Loi du 29 septembre 1791, tit. 9, art. 13.

gnage (1), à moins qu'il ne soit signé et affirmé par deux gardes. La cour de cassation, par ses arrêts des 16 frimaire et 30 messidor an 12, a jugé que dans ce dernier cas, un témoignage étranger n'étoit point nécessaire.

Les procès-verbaux étant le fondement des poursuites dirigées contre les délinquans, et la base des jugemens que doivent prononcer les tribunaux, les fonctionnaires publics ne peuvent porter trop d'attention à observer les règles d'après lesquelles ces actes produisent leurs effets en justice.

Ces règles ont pour objets la rédaction des procès-verbaux, et les formalités qu'il est nécessaire de remplir pour leur validité.

---

(1) Loi du 29 septembre 1791, tit. 9, art. 14.

7

## § I<sup>er</sup>.

### *Rédaction des procès-verbaux.*

Le procès-verbal par lequel est constaté un délit de quelque espèce qu'il soit, doit faire mention, 1º. du jour de la reconnoissance de ce délit(1) ; 2º. des noms, prénoms, demeure et qualité du fonctionnaire public qui rédige le procès-verbal ; 3º. du lieu du délit (2) ; 4º. des noms, prénoms, demeures et qualités des délinquans et de leur nombre, lorsqu'on est parvenu à les connoître (3) ; 5º. du temps auquel le délit

______

(1) Loi du 29 septembre 1791, tit. 4, art. 4.

(2) Loi du 3 brumaire an 4, art. 41, conforme à la loi du 29 septembre 1791, tit. 4, art. 4.

(3) Même loi du 29 septembre 1791, tit. 4, art. 4,

a été commis (1); 6°. des instrumens qui y ont été employés (2); 7°. de toutes les circonstances propres à faire connoître le délit (3); 8°. des preuves et indices qui existent contre les prévenus (4).

Les procès-verbaux des délits *forestiers* doivent spécialement faire connoître l'essence, la nature, la grosseur métrique, l'état, la qualité, la quantité, l'âge des bois coupés, enlevés, éhouppés, ébranchés et déshonorés; les voitures, atelages et autres moyens de transport; la qualité, le signalement et le nombre des bestiaux de délit (5).

---

(1) Loi du 3 brumaire an 4, art. 41.

(2) Loi du 29 septembre 1791, tit. 4, art 4.

(3) *Ibid.*

(4) Loi du 3 brumaire an 4, art. 41.

(5) *Ibid* et loi du 29 septembre 1791, tit. 4, art. 4.

Les procès - verbaux de délits de chasse doivent désigner l'espèce de piége, de chiens et d'armes employés par les délinquans, et l'espèce de gibier ou de bêtes fauves contre lesquels étoient employés ces moyens de destruction.

Dans les procès-verbaux de délits de pêche, on doit faire connoître les engins, filets, drogues et appâts employés pour prendre ou détruire le poisson; l'espèce de poisson qui fait l'objet du délit, si elle est connue; la longueur métrique entre l'œil et la queue; enfin on doit énoncer si la pêche est faite dans le temps de frai indiqué par l'ordonnance.

Il n'est aucune des circonstances ci-dessus détaillées qu'il ne soit nécessaire de relater; les unes sont essentielles à la validité des procès-verbaux; les autres étant de nature à aggraver ou atténuer les délits, font encourir aux prévenus des peines plus ou moins fortes, ainsi qu'on a pu le voir dans la première partie de cet ouvrage.

Lorsque le corps d'un délit a été constaté par un procès-verbal, il est quelquefois utile et même nécessaire à la recherche des objets enlevés en contravention des lois, d'en faire perquisition dans les bâtimens, maisons, ateliers ou cours adjacentes; le garde qui l'a jugé ainsi, requiert le commissaire de police, ou l'officier municipal qui en remplit les fonctions, de l'accompagner dans cette perquisition, et désigne dans l'acte qu'il dresse à cette fin, l'objet de la visite, ainsi que les personnes chez lesquelles elle doit avoir lieu (1).

---

(1) Loi du 11 décembre 1789, art. 4. — Loi

Le commissaire de police, maire ou adjoint, ainsi requis, ne peut se refuser d'accompagner sur le champ le garde dans sa perquisition, à peine de destitution, et de demeurer responsable du dommage souffert (1). Il est tenu en outre de signer le procès-verbal de perquisition, avant l'affirmation, sauf, en cas de refus, au garde d'en faire mention (2).

Les procès-verbaux dont il vient d'être parlé, doivent être rédigés en double

---

du 29 septembre 1791, tit. 4, art. 5, et tit. 14, art. 9. — Loi du 3 brumaire an 4, art. 41. — Arrêté du directoire exécutif du 4 nivôse an 5. — Circulaire adressée par le ministre de l'intérieur aux préfets, le 15 frimaire an 10.

(1) *Ibid.*

(2) Loi du 4 nivôse an 5, art. 2, conforme à celle du 29 septembre 1791, tit. 4, art. 8.

minute (1), sur papier visé pour timbre, en *débet*, lorsqu'ils sont dressés
pour les intérêts du gouvernement ou
des communes (2), et sur papier timbré
lorsqu'ils sont faits par les gardes des
particuliers.

## § II.

### *Formalités nécessaires aux procès-verbaux.*

Ces formalités consistent dans l'affirmation et l'enregistrement.

*L'affirmation* des procès - verbaux
doit être faite par les gardes dans les

_______________

(1) Loi du 25 décembre 1790, art. I.

(2) Décision du ministre des finances du 18
thermidor an 9, rapportée dans une circulaire
de l'administration générale des Eaux et Forêts du 18 fructidor suivant, n°. 29.

vingt-quatre heures (2). Cette obligation d'affirmer dans les vingt-quatre heures n'est pas prescrite à peine de nullité; mais si un procès-verbal affirmé après ce délai n'est pas radicalement nul, il n'en est pas moins certain qu'il est insuffisant, et qu'il n'a pas en justice la foi que lui donne la loi, lorsqu'il est affirmé dans le temps qu'elle prescrit. Telle fut la réponse du ministre de la justice, aux questions que lui avoit proposées à ce sujet le commissaire du gouvernement près le tribunal de première instance de Poitiers.

L'affirmation est reçue par les juges de paix.

Les suppléans peuvent la recevoir pour les délits commis dans le territoire

_______________

(1) Loi du 29 septembre 1791, tit. 4, art. 7, conforme à celle du 25 décembre 1790, art. 1.

de la commune où ils résident, lors-qu'elle n'est pas celle de la résidence des juges de paix.

Les maires, et à défaut des maires, leurs adjoints, peuvent recevoir cette af-firmation, soit par rapport aux délits commis dans les communes autres que celles de leur résidence respective, soit même par rapport à ceux commis dans les lieux où réside le juge de paix et ses suppléans, quand ceux-ci sont ab-sens (1).

L'acte d'affirmation reçu par un maire ou son adjoint, doit faire mention de l'absence du juge de paix et de ses sup-pléans, que le délit a été commis dans la commune de la résidence de ces der-niers (2).

_______________

(1) Loi du 28 floréal an 10, art. 11.
(2) Décision du ministre de la justice, rap-

La loi ne dit pas que la parenté du garde avec le fonctionnaire public qui reçoit son affirmation soit un motif de récusation ou d'incapacité ; et l'on ne peut suppléer à la disposition de la loi, pour créer une nullité qu'elle n'a point admise. Cependant pour prévenir toute difficulté à cet égard, il convient que les gardes s'abstiennent autant qu'il est possible, de faire l'affirmation de leurs procès-verbaux devant un juge de paix, suppléant, maire ou adjoint qui seroit leur parent (1).

*L'enregistrement* des procès-ver-

---

portée dans une circulaire de l'administration générale des Eaux et Forêts du 27 floréal an 11, u°. 143.

(1) *Ibid.*

baux doit avoir lieu dans le délai de quatre jours (1).

La peine contre le garde qui n'a point fait enregistrer son procès-verbal dans ce délai, est d'une somme de 25 fr., et de plus, d'une somme équivalente au montant du droit de l'acte non enregistré. Le procès-verbal non enregistré dans le délai est déclaré nul, et le contrevenant responsable de cette nullité (2).

Lorsque plusieurs gardes ont signé un procès-verbal, déclaré nul par défaut de formalité, ils sont condamnés solidairement à l'amende de 25 fr. (3).

---

(2) Loi du 22 frimaire an 7, art. 20.

(2) *Ibid.* art. 34.

(3) Décision du ministre de la justice, rapportée dans une circulaire de l'administration générale des Eaux et Forêts, du 22 brumaire an 10, n° 47.

Les procès-verbaux des gardes impériaux (1) et communaux (2) s'enregistrent en débet.

# CHAPITRE V.

## *Des actions.*

### § I.

### *Principes sur les actions résultant des délits en général.*

Tout délit donne essentiellement lieu à une action publique.

Il peut aussi en résulter une action privée ou civile.

_______________

(1) Loi du 2° frimaire an 7, art. 70.

(2) Décision du ministre des finances, rapportée dans une circulaire de l'administration générale des Eaux et Forêts du 20 messidor an 10, n°. 102.

L'action publique a pour objet de punir les atteintes portées à l'ordre social.

Elle est exercée par des fonctionnaires spécialement établis à cet effet.

L'action civile a pour objet la réparation du dommage que le délit a causé.

Elle appartient à ceux qui ont souffert ce dommage.

L'action publique s'éteint par la mort du coupable.

L'action civile peut être exercée contre ses héritiers.

L'action civile peut être poursuivie en même-temps et devant les mêmes juges que l'action publique.

Elle peut aussi l'être séparément ; mais dans ce cas, l'exercice en est suspendu, tant qu'il n'a pas été prononcé définitivement sur l'action publique, intentée avant ou pendant la poursuite de l'action civile (1).

## § II.

### *Actions auxquelles donnent lieu les délits forestiers.*

On a vu au commencement de cet ouvrage que les peines en matière de délits forestiers consistoient en l'amende, la confiscation et l'emprisonnement.

L'action publique à laquelle donnent lieu les délits dont il s'agit, a pour objet de faire subir ces peines aux délinquans.

Quant à l'action civile, elle tend à obtenir en faveur du propriétaire, la restitution des bois enlevés ou endomma-

---

(1) Loi du 3 brumaire an 4, art. 4-8.

gés , et les dommages-intérêts résultant des torts qui ont été faits.

Nous allons voir par qui et dans quels délais doivent être intentées ces deux actions , suivant la nature des bois dans lesquels les délits ont été commis.

Dans les *foréts impériales* , la poursuite des délits et malversations , et des contraventions aux lois forestières , est faite au nom de l'administration générale des Eaux et Forêts , par les officiers forestiers (1).

Ces officiers ne sont pas seulement chargés de la poursuite des réparations civiles ; ils sont aussi chargés de la poursuite des délits eux-mêmes ; ils exercent par conséquent en cette matière , une portion du ministère public. C'est ainsi

______

(1) Loi du 29 septembre 1791, tit. 9, art. 1.

que s'exprimoit le commissaire du gouvernement près le tribunal de cassation,
le 3 thermidor an 11, dans son réquisitoire, à l'occasion d'un jugement rendu
par le tribunal criminel de la Haute-
Vienne (1).

Ainsi la double action est intentée en
même-temps par les officiers forestiers,
à raison de tous les délits et malversations dans les forêts impériales.

Mais dans quels délais les poursuites
doivent-elles être commencées par ces
officiers ? Le tribunal de cassation avoit
d'abord pensé que les délits forestiers
étoient soumis aux prescriptions générales prononcées par les art. 9 et 10
du code des délits et des peines, du 3

---

(1) Extrait du bulletin des jugemens de cassation, n° 7.

brumaire an 4, et avoit prononcé le 8 vendémiaire et 11 brumaire an 6, deux jugemens basés sur ce principe ; mais cette cour, depuis sa nouvelle organisation, a adopté une jurisprudence contraire, et par un jugement du 16 floréal an 11, elle a reconnu que le code des délits et des peines, établissant des prescriptions générales pour les délits, n'avoit pas dérogé aux lois qui en établissent de particulières (3). Il faut donc en cette matière, s'en tenir aux dispositions de l'art. 8, tit. 9 de la loi du 29 septembre 1791, aiusi conçu : « Les actions en » réparations de délits ( forestiers ), se- « ront intentées, au plus tard, dans les « trois mois où ils auront été reconnus

---

(1) Ce jugement est rapporté au *mémorial forestier* de l'an 12, n° 22.

« lorsque les délinquans seront dési-
« gnés par les procès-verbaux ; à dé-
« faut de quoi, elles seront éteintes et
« prescrites. Le délai sera d'un an, si
« les délinquans n'ont pas été connus ».

Quant aux *bois communaux*, la loi du 29 septembre 1790, tit. 12, art 18, chargeoit seulement les agens forestiers, de la poursuite des délits commis dans la futaie et dans les quarts de réserve, et de celle de malversation dans les coupes et exploitations de ces bois. L'art. 6 du même titre de cette loi, confioit aux procureurs des communes, la poursuite des délits ordinaires de pâturage, maraudage et vol de taillis. Mais depuis l'arrêté des Consuls, du 19 ventôse an 10, il n'y a plus, quant au mode de poursuites, de distinction entre les délits commis dans les forêts impériales, et ceux qui se commettent dans les bois

taillis des communes : les uns et les autres doivent être poursuivis à la requête
de l'administration générale des Eaux et
Forêts, poursuites à la diligence de
l'inspecteur ou du sous-inspecteur forestier des lieux ; c'est ainsi que l'a décidé
le grand-juge ministre de la justice,
comme il résulte de sa lettre écrite le 20
fructidor an 11, au commissaire du
gouvernement près le tribunal de première instance de Castres.

Ainsi les délits de toute espèce dans
les bois taillis et de futaie, appartenant
aux communes, sont poursuivis par les
mêmes fonctionnaires, de la même manière et dans les mêmes délais (1) que les
délits commis dans les forêts impériales.

---

(1) Lettre de l'administration générale des
Eaux et Forêts du 12 vendémiaire an 14, nº.
3038, 5ᵉ division.

Cette règle ne souffre pas même d'exception à l'égard des délits qui peuvent être constatés par les commissaires de police, les maires, adjoints et les juges de paix. Ces fonctionnaires publics, lorsqu'ils ont usé de la faculté qui leur est accordée, comme on l'a déjà dit, par la loi du 3 brumaire an 4, doivent remettre leurs procès-verbaux aux officiers forestiers, seuls chargés d'agir en conséquence, suivant la nature des délits. S'il en étoit autrement, il arriveroit souvent qu'un même délit, constaté d'une part par un commissaire de police, et de l'autre par un garde forestier, seroit dénoncé au procureur impérial et à l'officier forestier; l'un et l'autre poursuivant la réparation, il se trouveroit deux poursuites faites contre le même individu. Cet inconvénient a été entre autres choses, pris en considération, par le ministre des finances, lorsque, par sa lettre du 18 pluviôse an 11 , écrite au Préfet du département de la Haute-Saône, il a tracé la marche dont il vient d'être parlé (1).

Ce que l'on vient de dire au sujet des bois communaux, est commun aux bois des hospices et des autres établissemens publics, puisque l'arrêté des Consuls du 19 ventôse an 10 , relatif aux bois des communes, porte que toutes ses dispositions sont applicables à ceux des hospices et des autres établissemens publics.

Il faut cependant remarquer que si les officiers forestiers négligeoient de faire

---

(1) Voyez la circulaire de l'administration générale des Eaux et Forêts du 19 pluviôse an 11 , n. 130.

constater et de poursuivre les délits commis dans les bois des communes, des hospices et autres établissemens publics ; les maires, adjoints et autres administrateurs légaux seroient fondés à poursuivre l'action civile contre les délinquans, comme il résulte implicitement de l'art. 18 du tit. 12, de la loi du 29 septembre 1791, sauf, dans ce cas, aux procureurs impériaux à conclure contre les prévenus, pour la vindicte publique, à l'application des peines correctionnelles portées par les lois.

Quant aux *bois particuliers*, l'action résultant des délits commis par les propriétaires, pour cause de défrichement et de coupe de futaie, doit être intentée par les officiers forestiers, chargés par l'art. I<sup>er</sup>. du tit. 9 de la loi du 29 septembre 1791, de poursuivre les contraventions aux lois forestières.

Ces poursuites doivent être intentées dans le délai de trois mois, fixé généralement aux officiers forestiers, pour traduire devant les tribunaux les délinquans, lorsqu'ils sont désignés par les procès-verbaux, ainsi qu'on l'a déjà dit.

La répression des contraventions au décret impérial du 17 nivôse an 13, concernant le droit de pâturage ou de parcours dans les parties de bois des particuliers, non déclarés défensables, n'appartient point par action principale aux officiers forestiers (1).

Les propriétaires peuvent transmettre les procès-verbaux qui constatent ces délits, ainsi que ceux de vol et de maraudage, au substitut du procureur-

______

(1) Avis du conseil d'état du 18 brumaire an 14.

général impérial, ou aux juges de paix, ou aux officiers de la gendarmerie, (1) pour servir de dénonciation civique, à la suite de laquelle la partie publique exerce contre les prévenus l'action publique seulement.

Les propriétaires peuvent aussi traduire eux-mêmes les délinquans devant les tribunaux et poursuivre contre eux, l'action civile, sauf au procureur impérial à prendre ses conclusious pour la vindicte publique (2).

Dans ce dernier cas, le propriétaire de bois doit diriger ses poursuites au plus tard dans le délai d'un mois, conformément à l'art. 8 du § 7ᵐ. du titre Iᵉʳ. de la loi du 28 septembre, 6 octobre 1791.

----

(1) Loi du 7 pluviôse an 9 , art. 3.
(2) Loi du 3 brumaire an 4, art. 133 et 180.

Les particuliers, après avoir fait leur dénonciation civique, peuvent aussi intervenir comme parties civiles, sur la citation donnée à la requête de la partie publique, pour obtenir leurs dommages-intérêts (1)

## § III.

### *Actions résultant des délits de chasse.*

Les officiers forestiers sont chargés de la poursuite des délits de chasse dans les forêts *impériales*, par l'art. 2 de l'arrêté du directoire exécutif, du 28 vendémiaire an 5, et par l'art. 4 du règlement du grand-veneur de la couronne, du premier germinal an 13.

Aucune loi ne leur impose cette tâche pour les délits de chasse, commis

______

(1) Loi du 3 brumaire an 4, art, 154.

dans les bois appartenant aux *communes*, aux hospices et autres établissemens publics; mais si les administateurs
légaux des communes et établissemens
publics, négligeoient la poursuite de ces
délits, il seroit du devoir des officiers
forestiers d'y suppléer, puisque leur
surveillance s'étend sur les bois dont il
s'agit comme sur les bois impériaux,
d'après l'arrêté du gouvernement, du
19 ventôse an 10. C'est ce qu'a reconnu
le tribunal de cassation, par son jugement du 21 prairial an 11, dont il a été
déjà fait mention au chap. 6 de la I<sup>re</sup>.
partie de cet ouvrage.

Quant aux délits de chasse commis
dans les bois des *particuliers*, les propriétaires doivent diriger leurs poursuites dans le délai d'un mois (1), de la

_______________

(1) Loi du 30 avril 1790, art. 12.

manière qui vient d'être dite à l'égard des délits de maraudage, vol et pâturage commis dans lesdits bois.

## § IV.

### *Actions résultant des délits de pêche.*

L'art. 17 du tit. 15 de la loi du 14 floréal an 10, chargeant les officiers forestiers de la police, surveillance et conservation de la pêche, ils sont particulièrement obligés de faire punir les infractions aux lois, commises par les personnes qui ont le droit de pêcher ; savoir : les fermiers et porteurs de licence sur les rivières navigables, et les propriétaires riverains des rivières non navigables et des ruisseaux.

Ces personnes ayant droit de pêche, doivent poursuivre celles qui les troublent dans l'exercice de ce droit, de la

manière qui a été dite ci-dessus, au sujet du délit de maraudage, de vol et de
pâturage, et de ceux de chasse, commis dans les bois des particuliers.

Mais, si les fermiers, porteurs de licence et les propriétaires riverains des
rivières non navigables, négligeoient,
chacun en ce qui le concerne, de poursuivre les personnes qui sans en avoir le
droit, pêchent autrement qu'à la ligne
flottante, tenue à la main, les officiers
forestiers devroient y suppléer, en vertu
de la loi qui leur confie la police, surveillance et conservation de la pêche.

## CHAPITRE V.

*De la compétence des tribunaux.*

Les tribunaux de police connoissent
de tous les délits dont la peine n'excède

ni la valeur de trois journées de travail, ni trois jours d'emprisonnement (1).

Les tribunaux de première instance, organisés par la loi du 27 ventôse an 8, connoissent des matières de police correctionnelle ; c'est-à-dire des délits dont la peine excède trois journées de travail ou trois jours d'emprisonnement, et n'est néanmoins ni afflictive ni infamante (2).

D'après ce qui a été dit au chap. 1, de la première partie de cet ouvrage, les délits de bois, de chasse et de pêche sont donc, suivant leur plus ou moins de gravité, du ressort de l'un ou de l'autre des ces tribunaux.

## § I.

### *Tribunaux de police.*

Les délits de chasse et de pêche ne

---

(1) Loi du 3 brumaire an 4, art. 150.
(2) *Ibid.* art. 150.

peuvent en aucun cas, être de la compétence des tribunaux de police ; car
ces délits emportent toujours une peine
qui excède leur compétence, ainsi qu'on
l'a vu aux chap. 6 et 7 de la première
partie.

Quant aux délits forestiers, les tribunaux de police connoissent de ceux
dont la peine n'excède ni la valeur de
trois journées de travail, ni trois jours
d'emprisonnement ; mais dans le cas
seulement où ces délits sont poursuivis
par les particuliers ou par les administrateurs légaux des conmmunes, comme on le verra plus bas.

## § II.

### *Tribunaux de première instance.*

Ces tribunaux, en séance de police
correctionnelle connoissent donc, 1°. de

tous les délits de chasse dans les bois
et de pêche dans les rivières; 2°. de
tout délit forestier dont la peine excède trois journées de travail ou trois
jours d'emprisonnement; 3°. des délits
forestiers dont la peine n'exède pas ce
taux, lorsque ces délits sont poursuivis
par les officiers forestiers. Cette dernière proposition est une conséquence
de l'art. 5 de la loi du 25 décembre
1790, et des art. 1. et 2 du tit. 9 de la
loi du 29 septembre 1791, suivant lesquels les actions intentées par les agens
forestiers doivent être portées sans distinction devant les tribunaux de première instance. Il n'a point été dérogé
à ces lois particulières par le code des
délits et des peines du 3 Brumaire an 4.
Il y est au contraire ordonné que les
lois antérieures, relatives à la police fo-
forestière, continueront d'être exécu-

tées. C'est sous ce rapport que le commissaire du gouvernement près le tribunal de cassation , dans un réquisitoire inséré au *Mémorial* forestier de l'an 12 , n°. 20 , a mis en principe que les délits forestiers sont dans tous les cas du ressort exclusif de la police correctionnelle.

Néanmoins , les juges de paix peuvent donner main-levée provisoire des bestiaux , instrumens , voitures et attelages séquestrés par les gardes dans leur territoire , en exigeant bonne et suffisante caution , jusqu'à concurrence de la valeur des objets saisis et en faisant satisfaire aux frais de séquestre. (1)

Si les bestiaux saisis ne sont pas réclamés dans les trois jours de la séques-

---

(1) Loi du 29 septembre 1791 , tit. 9 , art. 3.

tration, lesdits juges en ordonnent la vente à l'enchère au marché le plus voi- sin, après en avoir fait afficher le jour, vingt-quatre heures à l'avance, et les deniers de la vente restent déposés en- tre les mains de leur greffier, sous la déduction desdits frais de séquestre qui doivent être modérement taxés. (1)

NOTA. Il faut avoir recours aux titres 9, 19, 20 et 21, du Code de procédure civile pour ce qui concerne les demandes en renvoi, les règlemens de juges et les récusations.

# CHAPITRE VI.

## Des Citations.

### § I.

*Citations devant le tribunal de police.*

La citation est donnée à la requête

______

(1) Loi du 29 septembre 1791, tit. 9, art. 4.

du commissaire de police chargé de remplir les fonctions du ministère public, dans les lieux où il en est établi, et dans les autres lieux elle est donnée à la requête des adjoints du maire. (1)

La citation peut être aussi donnée à la requête des particuliers qui se prétendent lésés par le délit. (2)

La citation est notifiée par un huissier qui en laisse une copie au prévenu. (3)

Néanmoins les parties peuvent comparoître volontairement ou sur un simple avertissement sans qu'il soit besoin de citation. (4)

______

(1) Loi du 3 brumaire an 4, art. 153. — Loi du 27 ventôse an 8, art. 1.

(2) Loi du 3 brumaire an 4, art, 153.

(3) *Ibid.* art. 155.

(4) *Ibid.* art. 156. Code de procédure civile, art. 7.

La citation est donnée à jour et heure fixes. Il ne peut y avoir entre la citation et la comparution, un intervalle moindre de vingt-quatre heures (1).

## § II.

*Citations devant le tribunal de première instance, en séance de police correctionnelle.*

Il faut distinguer ici les citations données à la requête des particuliers ou des administrateurs légaux des communes et des établissemens publics, et celles données à la requête de l'administration générale des Eaux et Forêts.

Les premières doivent contenir la

_______________

(1) Loi du 3 brumaire an 4, art. 157, auquel sont conformes les art. 1 et 5 du Code de procédure civile.

plainte, qui, dans cette circonstance n'est sujette à aucune formalité (1).

Ces citations ne peuvent être signifiées et ne saisissent le tribunal qu'après avoir été visées par le directeur du Jury (2).

Le directeur du jury ne les vise qu'après s'être assuré que le délit qui en est l'objet, est de la compétence de la police correctionnelle (3).

Les officiers forestiers, dès qu'ils ont reçu un procès-verbal de délit, citent les délinquans au nom de l'administration générale des Eaux et Forêts (4).

_______________

(1) Loi du 3 brumaire an 4, art. 180 et 181.

(2) *Ibid.* art. 182.

(3) *Ibid.*

(4) Loi du 29 septembre 1791, tit. 9, art. 5.

Les huissiers sont chargés de faire ces citations (1).

Les gardes généraux et particuliers pourront néanmoins faire tous exploits relatifs à la poursuite des délits et à l'exécution des jugemens, en matière d'eaux et forêts (2).

L'exploit de citation est précédé de la copie du procès-verbal qui a donné lieu à la poursuite (3).

La citation indique le jour fixe de l'audience, qui doit être pour le plus tard, la première après la huitaine (4).

---

(1) Loi du 29 fructidor an 3, art. 1. — Loi du 3 brumaire an 4, art. 183.

(2) Ordonnance de 1669, tit. 10, art. 15. — Arrêt de la cour de cassation du 6 nivôse an 14.

(3) Loi du 29 septembre 1791, tit. 9, art. 9.

(4) *Ibid.*

Les officiers forestiers ne sont point tenus de faire viser par le directeur du jury les citations qu'ils font donner aux délinquans ; c'est ce qui résulte de l'art. 2 du titre 9 de la loi du 29 septembre 1791, qui veut que les actions en matières de délits forestiers soient portées immédiatement devant les tribunaux. La cour de cassation l'a jugé ainsi par son arrêt du 3 fructidor an 11, rapporté au *Mémorial Forestier* de l'an 12. n°. 20 : tout exploit de citation doit être enregistré dans les quatre jours (1).

L'exploit non enregistré dans ce délai, est déclaré nul (2) ; et le contrevenant encourt les peines dont il a été

______

(1) Loi du 22 frimaire an 7 , art. 20.
(2) *Ibid.* art. 34.

parlé au § 2 du chap. 2 de cette 2ᵉ. partie au sujet du procès-verbal.

Les exploits de citation délivrés au nom de l'administration générale des Eaux et Forêts s'enregistrent en *débet* (1).

Nota. Les art 61, 63, 66, 67, 68 et 71 du code de procédure civile, tracent les règles qui doivent être suivies par les huissiers dans la rédaction et la signification des exploits de citation.

# CHAPITRE VII.

## *Des audiences.*

### § I.

### *Audiences des tribunaux de police.*

La personne citée comparoît par

_______________

(1) Loi du 22 frimaire an 7, art. 70.

elle-même ou par un fondé de procuration spéciale, sans pouvoir être assistée d'un défenseur officieux ou conseil (1).

L'instruction sur chaque affaire est publique, et se fait dans l'ordre suivant :

Les témoins, s'il en a été appelé, sont entendus.

La personne citée propose sa défense et fait entendre ses témoins si elle en a amené ou fait citer.

Le fonctionnaire exerçant le ministère public résume l'affaire et donne ses conclusions, le tout à peine de nullité (2).

Nota. Les art. 8, 9, 10, 11, 12, 13, 14 et 18 du code de procédure civile, renferment

______

(1) Loi du 3 brumaire an 4, art. 161.
(2) *Ibid.* art. 162.

des dispositions, relatives à la police des audiences des juges de paix, qui s'appliquent naturellement à celles des tribunaux de police.

## § II.

### *Audience de police correctionnelle.*

L'audience a lieu dans chaque affaire dix jours au plus tard après la signification faite par un huissier de la citation donnée directement au prévenu (1).

L'inspecteur forestier demande au président du tribunal d'assigner un jour périodique pour le jugement des affaires forestières (2).

Il fournit au procureur impérial, les mémoires nécessaires pour obtenir de prompts jugemens (3).

---

(1) Loi du 3 brumaire an 4, art. 183.

( ) Instruction de l'administration générale des Eaux et Forêts du 7 prairial an 9, approuvée par le gouvernement.

(3) *Ibid.*

L'instruction se fait à l'audience; le prévenu, s'il est présent, y est interrogé et entendu dans ses moyens de récusation, s'il en **a** à proposer; les témoins dans le cas où il peut en être produit, sont entendus en présence du prévenu; les reproches et les défenses sont proposés; les pièces lues, et le jugement prononcé de suite, ou au plus tard à l'audience suivante (1).

Les témoins promettent à l'audience de parler sans haine et sans crainte, de dire la vérité, toute la vérité, rien que la vérité.

Le greffier tient note-sommaire de leurs principales déclarations, ainsi que des principaux moyens de défense du prévenu. (2)

---

(1) Loi du 3 brumaire an 4 , art. 184.
(2) *Ibid.* art. 185.

Les conclusions du procureur - impérial, celles de la partie plaignante ou des officiers forestiers et celles du prévenu, sont fixées par écrit. (1)

Il ne se fait aucune autre procédure, sans préjudice du droit qui appartient à chacun d'employer le ministère d'un défenseur. (2)

Toute contravention à ces cinq dispositions du Code des délits et des peines emporte nullité. (3)

Il est bon de dire ici quels sont les cas où il peut être produit des témoins en matière de délits relatifs aux eaux et forêts. Ils se réduisent à cinq ; savoir : 1°. lorsque le délit donne lieu à une condamnation qui excède la somme de

______________

(1) Loi    3 brumaire an 4, art. 186.
(2) *Ibid.* art. 187.
(3) *Ibid.* art. 189.

cent f. et que le procès-verbal qui le constate n'est affirmé que par un seul garde ; (1) 2°. lorsque le procès-verbal ren-
ferme quelque nullité, et qu'il y est suppléé par une autre preuve (2) ; 3°. lorsqu'il s'agit d'un délit pour lequel il
n'existe pas de procès-verbal ; car, les
délits, notamment ceux relatifs à la
chasse, peuvent être constatés par la
déposition de deux témoins (3); 4°.
lorsque le procès-verbal qui constate
un délit n'en a point désigné les auteurs ; 5°. lorsqu'il est nécessaire de vé-
rifier les faits sur lesquels le prévenu
appuie ses moyens de récusation. Sur

-----

(1) Voyez ce qui a été dit au chap. 2 de cette
seconde partie sur l'effet des procès-verbaux.

(2) Décision du ministre de la justice du 17
brumaire an 10.

(3) Loi du 30 avril 1790, art. 11.

quoi il est à observer qu'il n'y a pas de délai de rigueur pour faire ou complé-ter la preuve d'un délit relatif aux eaux et forêts. Le tribunal de cassation, par son jugement du premier nivôse an 12, rapporté au *Mémorial Forestier* de l'an 12, n°. 87, a posé en principe, que l'ordonnance de 1667, qui veut que les enquêtes soient faites dans les délais fixés par les jugemens, n'étoit point applicable aux preuves ordonnées en matière de délits.

Il est vrai que l'art, 184 du Code des délits et des peines, du 3 brumaire an 4, veut que les affaires correctionnel-les soient jugées à l'audience, ou au plus tard à l'audience suivante; d'où l'on pourroit conclure qu'une preuve en ma-tière correctionnelle doit être rappor-tée à l'audience qui suit celle où cette preuve a été offerte; mais cette disposition, à l'infraction de laquelle aucune peine n'est attachée, doit être considérée comme une recommandation faite aux juges de terminer le plutôt possible les affaires de ce genre; et une telle disposition n'est point assez impérative pour que l'on doive lui sacrifier la découverte de la vérité, lorsqu'elle dépend d'une preuve qui ne peut être effectuée dans un court délai.

Si dans une instance en réparation de délit, il s'élève une question incidente de propriété, la partie qui en excipe est tenue d'appeler le préfet du département de la situation du bois, et de lui fournir copie de ses pièces dans la huitaine du jour où elle aura proposé son exception; à défaut de quoi, il est provisoirement passé outre au jugement

du délit, la question de propriété de-
meurant reservée (1).

On vient de dire que chacun avoit
le droit d'employer le ministère d'un
défenseur ; mais cette disposition de la
loi ne regarde que les particuliers. Le
ministère des avoués est interdit dans
tous les procès qui intéressent le gouvernement ; les procureurs impériaux
doivent le représenter, tant en demandant qu'en défendant. C'est ainsi que
l'a décidé le Grand-juge ministre de la
justice, par sa circulaire du 14 pluviôse
an 11, rapportée dans une circulaire
de l'administration du 28 du même
mois, n°. 127.

L'inspecteur forestier assiste autant

_______________

(1) Loi du 29 septembre 1791, tit. 9,
art. 12.

que posible, au jour indiqué, à l'audience du tribunal; et, s'il croit utile d'éclairer quelque doute, ou de rappeler quelques dispositions des lois forestières, il demande d'être entendu (1). Dans ce cas, la parole doit être d'autant mieux accordée à l'officier forestier qui la demande, que, comme il a été dit plus haut, il exerce une partie du ministère public.

Nota. Voyez les art. 88, 89, 90, 91 et 92 du Code de Procédure civile, relatifs aux personnes qui assistent aux audiences des tribunaux, y troublent l'ordre, et manquent au respect dû à la justice. Voyez aussi les art. 262, 263, 264, 265, 268, 271, 272, 277, 283, 284 et 285 du même code, con-

_______________

(1) Instruction de l'administration générale des Eaux et Forêts du 7 prairial an 9, approuvée par le gouvernement.

cernant les assignations à témoins et leur audition.

# CHAPITRE VIII.

## *Des défauts et oppositions.*

Si la personne citée devant le tribunal de police ne comparoît pas au jour et à l'heure fixés par la citation, elle est jugée par défaut (1).

La condamnation par défaut est comme non avenue, si dans les dix jours de la signification qui en a été faite à la personne citée, celle-ci se présente, et demande à être entendue. Néanmoins, les frais de la signification du jugement par défaut demeurent à sa charge (2).

---

(1) Loi du 3 brumaire an 4, art. 155.
(2) *Ibid.* art. 159.

Si la personne citée ne comparoît pas dans les dix jours de la signification du jugement par défaut, le jugement demeure définitif (1).

Ces dispositions du code des délits et des peines ne se trouvent qu'au titre des *tribunaux de police*; mais elles sont, sans difficulté, applicables aux tribunaux qui exercent la police correctionnelle; car la loi du 29 septembre 1790, tit. 9, art. 10, veut que les jugemens de ces tribunaux en matière des délits forestiers soient attaquables par la voie de l'opposition. Telle est, d'ailleurs, la jurisprudence de la cour de cassation, conforme aux décisions du ministre de la justice et du ministre des finances. C'est ce qui

_______________

(1) Loi du 3 brumaire an 4, art. 160.

résulte d'une circulaire de l'administration générale des Eaux et Forêts du 12 germinal an 13, n°. 261.

Nota. La partie opposante qui se laisseroit juger une seconde fois par défaut, ne seroit plus reçue à former une nouvelle opposition (1).

# CHAPITRE IX.

## *Des jugemens.*

*Les tribunaux de police* jugent en dernier ressort, et sans appel (1).

Ils prononcent leurs jugemens dans l'audience à laquelle chaque affaire a été portée, ou, au plus tard, dans la suivante. Ils motivent leurs jugemens,

_______________

(1) Code de procédure civile, art. 22 et 165.

(2) Loi du 3 brumaire an 4, art. 153.

et y insèrent les termes des lois qu'ils appliquent, le tout à peine de nullité (1).

*Les jugemens des tribunaux de première instance* ne peuvent être rendus par moins de trois juges (2).

Les noms, âge et profession des témoins qui ont pu être entendus à l'audience, sont insérés dans le jugement (3).

Le dispositif du jugement est divisé en deux parties. La première contient les faits dont le prévenu est déclaré coupable ; la seconde applique à ces faits la peine portée par la loi. Le texte de la loi pénale est lu à l'audience par

---

(1) Loi du 3 brumaire an 4, art. 162.
(2) Loi du 27 ventôse an 8, art. 16.
(3) Loi du 3 brumaire an 4, art. 185.

le président, et inséré dans la seconde partie du jugement (1).

Toute contravention à ces deux dernières dispositions du code des délits et des peines emporte nullité (2).

Telles sont les règles relatives à la forme des jugemens des tribunaux de police, et de ceux de première instance, en séance de police correctionnelle.

Quant au fond de ces jugemens, en attendant que les dispositions de l'ordonnance des eaux et forêts de 1669, les lois des 19 juillet et 28 septemb. 1791, celle du 20 messidor de l'an 3, et les autres relatives à la police municipale, correctionnelle, rurale et forestière, aient pu être revisées, les tribunaux

_______________

(1) Loi du 3 brumaire an 4, art. 188.
(2) *Ibid.* art. 189.

dont il vient d'être parlé doivent appliquer aux délits qui sont de leur compétence les peines qu'elles prononcent (1). On a fait connoître ces diverses peines dans la première partie de cet ouvrage.

Tout jugement d'un tribunal correctionnel ou de police, et tout arrêt d'une cour de justice criminelle, portant condamnation à une peine quelconque, doit prononcer en même temps au profit de l'état, le remboursement des frais auxquels la poursuite et punition des crimes et des délits a donné lieu (2).

Lorsqu'il y a plusieurs accusés, auteurs et complices du même fait, la

_______________

(1) Loi du 3 brumaire an 4, art. 191.
(2) Loi du 18 germinal an 7, art. 1.

condamnation au remboursement doit être prononcée solidairement contre eux (1).

Les frais sont liquidés et la liquidation est rendue exécutoire par le président du tribunal (2).

Il est défendu aux juges de prononcer des amendes et peines, moindres que ce qu'elles sont réglées par l'ordonnance de 1669, de les modérer ou changer après le jugement, à peine de répétition contre eux, de suspension de leurs charges pour la première fois, et de privation en récidive. Telle est la disposition de l'art. 14, du tit. 32 de l'ordonnance : telle est aussi la jurisprudence de la cour de cassa-

_________________

(1) Loi du 18 germinal an 7, art. 2.
(2) *Ibid.* art. 3.

tion , ainsi qu'il résulte de son jugement du 13 brumaire an 11 , rapporté au Mémorial Forestier de l'an 12 , n°. 21. On remarque dans les considérans de ce jugement , que « les juges peuvent « bien , en vertu de la loi du 20 messi- « dor an 3 , prononcer des amendes et « restitutions plus fortes que celles qui « sont fixées par l'ordonnance de 1669, « mais qu'ils ne peuvent les prononcer « moindres ».

Enfin , il ne peut être fait don , remise ou modération , pour telle cause que ce soit , des amendes , restitutions , intérêts et confiscations , avant qu'elles soient jugées , ni après le jugement , pour quelques personnes que ce puisse être (1).

---

(1) Ordonnance de 1669 , tit. 32 , art. 15.

Le procureur-impérial est tenu, dans les trois jours qui suivent la prononcia-tion des jugemens de police correction-nelle, d'en envoyer un extrait au procu-reur général impérial près la cour de justice criminelle (1).

## CHAPITRE X.

### *Des appels.*

Les jugemens de police correction-nelle rendus par les tribunaux de pre-mière instance, peuvent être attaqués par la voie de l'appel (2).

La faculté d'appeler appartient,

1º. Au condamné ;

2º. A la partie plaignante ;

3º. Au procureur-impérial ;

---

(1) Loi du 3 brumaire an 4 , art. 191.
(2) *Ibid.* art. 192.

4°. Au procureur général impérial près la cour de justice criminelle du département (1).

Le condamné, la partie plaignante, ou le procureur impérial qui veulent appeler, sont tenus d'en passer leur déclaration au greffe du tribunal, le dixième jour au plus tard après celui qui suit la prononciation du jugement.

Pendant ces dix jours, il est sursis à l'exécution du jugement (2).

La requête contenant les moyens d'appel est remise au greffe du tribunal dans les dix jours accordés par la loi pour appeler.

Elle est signée de l'appellant ou de son fondé de pouvoir ; dans ce dernier

_______________

(1) Loi du 3 brumaire an 4, art. 193.
(2) *Ibid.* art. 194.

cas, le pouvoir est joint à la requête d'appel ; le tout à peine de déchéance de l'appel (1).

Les officiers forestiers peuvent eux-mêmes interjeter appel ; mais ils ne peuvent y donner suite sans autorisation de l'administration générale des Eaux et Forêts (2).

La requête d'appel est envoyée par le procureur - impérial au greffe de la cour de justice criminelle, le lendemain de la remise qui en a été faite au greffe du tribunal (3).

L'appel émis par le procureur général impérial près la cour de justice criminelle, n'est point sujet aux dispositions ci-dessus.

_______

(1) Loi du 3 brumaire an 4, art. 195.

(2) Circulaire de l'administration générale des Eaux et Forêts du 28 frimaire an 10, n° 57.

(3) Loi du 3 brumaire an 4, art. 196.

Le procureur général impérial a , pour notifier l'appel au prévenu , soit que celui-ci ait été condamné , soit qu'il ait été acquitté , un délai d'un mois à compter du jour de la prononciation du jugement (1),

Les officiers forestiers qui n'ont point fait leur déclaration d'appel , peuvent y suppléer en invoquant le ministère du procureur général impérial (2).

L'appel est porté devant la cour de justice criminelle du département (3).

Il est jugé à l'audience , sur le rapport fait par un des juges , à peine de

---

(1) Loi du 3 brumaire an 4 , art. 197.

(2) Circulaire de l'administration générale des Eaux et Forêts , du 28 frimaire an 10 , n° 57. — Autre circulaire du 26 mai 1806 , n° 318 , basée sur un arrêt de la cour de cassation.

(3) Loi du 3 brumaire an 4 , art. 198.

nullité : ce rapport se fait dans le mois de la notification de l'appel (1).

Le prévenu, soit qu'il ait été condamné ou acquitté, la partie plaignante, et le procureur général imp¹. sont entendus à la suite du rapport et avant que le rapporteur et les autres juges émettent leur opinion ; le tout à peine de nullité.

Les témoins, s'il y en a eu en première instance, peuvent être entendus de nouveau, si le prévenu ou le procureur général impérial le requiert (2).

La cour de justice criminelle rejette la requête d'appel, ou annule le jugement.

Dans l'un et l'autre cas elle motive sa décision (3).

_______________

(1) Loi du 3 brumaire an 4, art. 199.
(2) *Ibid.* art. 200.
(3) *Ibid.* art. 201.

Si le jugement est annulé pour incompétence, à raison du lieu du délit ou de la résidence du prévenu, la cour de justice criminelle renvoie le procès à un autre tribunal de première instance du même département , pour y être recommencé, à partir du plus ancien des actes dans lesquels il s'est trouvé une nullité (1).

Si le jugement est annulé parce que le délit qui s'en trouve l'objet est de nature à mériter peine afflictive ou infamante, la cour de justice criminelle renvoie le prévenu devant un des directeurs du jury du département autre que celui qui a rendu le jugement et fait l'instruction préalable(2).

---

(1) Loi du 3 brumaire an 4, art. 202, rappelée par la loi du 29 avril 1806.

(2) *Ibid.* art. 203.

Si le jugement est annulé pour mal jugé au fond , la cour de justice criminelle statue elle-même définitivement (1).

Il en est de même lorsque le jugement est annulé pour violation ou omission des formes prescrites par la loi (2).

## CHAPITRE XI.

### *Du recours en cassation.*

On peut se pourvoir en cassation contre les jugemens rendus par les tribunaux de police (3).

______

(1) Loi du 3 brumaire an 4 , art. 204.

(2) Loi du 29 avril 1806 , dérogeant, quant à ce, à l'art. 202 de la loi du 3 brumaire an 4.

(3) Loi du 3 brumaire an 4 , art. 153.

On peut aussi se pourvoir en cassation contre les arrêts des cours de justice criminelle, rendus sur l'appel des jugemens des tribunaux de première instance en matière de police correctionnelle (1).

Le condamné a trois jours francs après celui où l'arrêt a été prononcé, pour déclarer au greffe qu'il se pourvoit en cassation.

Pendant ces trois jours, il est sursis à l'exécution de l'arrêt (2).

Le procureur-général impérial peut également, dans les trois jours, déclarer au greffe qu'il demande, au nom de la loi, la cassation de l'arrêt (3).

Néanmoins, dans le cas d'absolution

_________

(1) Loi du 3 brumaire an 4, art. 205.
(2) *Ibid.* art. 440.
(3) *Ibid.* 441.

par un arrêt, le procureur général impérial n'a que vingt-quatre heures pour se pourvoir (1).

La déclaration du recours en cassation, faite au greffe, soit par le condamné, soit par le procureur général impérial, est inscrite par le greffier, sur un registre particulier à ce destiné (2).

Elle est signée du déclarant, ou, s'il ne sait pas signer, le greffier en fait mention (3).

Le condamné, soit en faisant la déclaration dont il vient d'être parlé, soit dans les dix jours suivans, remet au greffe une requête contenant ses moyens de cassation.

_______

(1) Loi du 3 brumaire an 4, art. 442.
(2) *Ibid.* art. 447.
(3) *Ibid.* 448.

Le greffier donne une reconnoissance de la réception de cette requête, qu'il transmet sur-le-champ au procureur général impérial (1).

Les préposés de l'administration, chargés de la poursuite des délits, ont qualité pour déclarer en son nom se pourvoir en cassation des arrêts qui l'intéressent ; mais il faut qu'elle-même prenne alors le fait et cause de ses agens par une requête en forme (2).

Dans les dix jours qui suivent la déclaration du recours en cassation, le procureur général impérial fait

_______________

(1) Loi du 3 brumaire an 4, art. 449.

(2) Loi du 29 septembre 1791, tit. 9, art. 20. — Circulaire de M. le conseiller d'état directeur-général de l'administration, du 26 mai 1806, n° 318, conforme à la jurisprudence de la cour de cassation.

paser au ministre de la justice l'expédition de l'arrêt, les pièces du procès, ét la requête du condamné, s'il en a remis une (1).

Dans les vingt-quatre heures de la réception de ces pièces, le ministre de la justice les adresse à la cour de cassation, et il en donne avis, dans les deux jours suivans, au procureur général impérial près la cour de justice criminelle, lequel en avertit par écrit le président, le condamné et son conseil (2).

La cour de cassation est tenue de prononcer sur le recours en cassation dans le mois de l'envoi qui lui a été fait des pièces par le ministre de la justice (3).

_________________

(2) Loi du 3 brumaire an 4, art. 450.
(1) *Ibid.* art. 451.
(3) *Ibid.* art. 452.

Elle rejette la requête, ou annule l'arrêt. Dans l'un et l'autre cas, elle motive sa décision ; si elle annule l'arrêt, elle renvoie le fond du procès, savoir, devant un autre directeur du jury que celui qui a visé la citation ; si l'arrêt est anulé pour fait de ce dernier ; ce qui n'arrive que dans les affaires intentées par les particuliers (1), ou devant une des deux cours de justice criminelle les plus voisines, si l'arrêt est annulé pour fait de la cour de justice criminelle (2).

L'arrêt de la cour de cassation qui rejette la requête est délivré dans les trois jours au procureur général impé-

_____________________

(1) Voyez à ce sujet le paragraphe 2 du chapitre V de cette 2.<sup>me</sup> partie.

(2) Loi du 3 brumaire au 4, art. 453.

rial près cette cour, par simple extrait signé du greffier.

Cet extrait est adressé au ministre de la justice, qui l'envoie aussitôt au procureur général impérial près la cour de justice criminelle, lequel en donne connoissance par écrit au président, à l'accusé, à son conseil, et fait exécuter l'arrêt dans les vingt-quatre heures, comme il sera dit plus bas (1).

La cour de cassation ne peut annuler les arrêts des cours de justice criminelle que dans les cas suivans :

1°. Lorsqu'il y a eu fausse application des lois pénales ;

2°. Lorsque les formes ou procédures prescrites par la loi, sous peine de nullité, ont été violés ou omises ;

_______________

(1) Loi du 3 brumaire an 4, art. 455.

3°. Lorsque l'accusé ou le procureur impérial, ayant requis l'exécution d'une formalité quelconque, à laquelle la loi n'attache pas la peine de nullité, cette formalité n'a pas été remplie;

4°. Lorsque la cour de justice criminelle a omis de prononcer sur une réquisition quelconque, de l'accusé ou du procureur général impérial (1);

5°. Lorsque dans le cas où elle en avoit le droit, la cour de justice criminelle n'a pas prononcé les nullités commises en première instance, et que ces nullités ont été opposées par le condamné en cause d'appel (2);

6°. Lorsqu'il y a eu contravention aux règles de compétence établies par

_______________

(1) Loi du 3 brumaire an 4, art. 456.

(2) Même art. interprété par la loi du 29 avril 1806, art. 2.

la loi, pour la connoissance du délit, ou pour l'exercice des différentes fonctions relatives à la procédure, ou qu'il y a eu de quelque manière que ce soit, usurpation de pouvoir (1).

L'arrêt de la cour de cassation, qui annule un arrêt émané d'une cour de justice criminelle, est, par le ministre de la justice, adressé en expédition authentique au procureur général impérial, près cette cour, qui la communique au président, à l'accusé et à son conseil, et la dépose ensuite au greffe (2).

Toutes les dispositions ci-dessus sont communes au recours en cassation contre les jugemens des tribunaux de police (3).

----

(1) Loi du 3 brumaire an 4, art. 456, rappelée par la loi du 29 avril 1086.
(2) *Ibid.* art. 457.
(3) *Ibid.* art. 165.

# CHAPITRE XII.

## *De l'exécution des jugemens.*

Les jugemens sont exécutoires dans tout l'Empire sans *visâ* ni *pareatis*, encore que l'exécution ait lieu hors du ressort du tribunal par lequel le jugement a été rendu (1).

Les jugemens sont exécutés à la diligence du procureur-impérial (2).

Néanmoins, les poursuites pour le paiement des amendes et confiscations sont faites au nom du procureur-impérial par le directeur de la régie des droits d'enregistrement et des domaines (3).

Il en est de même des poursuites

_______

(1) Code de procédure civile , art. 547.
(2) Loi du 3 brumaire an 4 , art. 190.
(3) *Ibid.*

faites pour le recouvrement des frais auxquels la punition des délits a donné lieu (1).

Dans les trois jours qui suivent l'expiration du délai fixé pour l'appel des jugemens portant peine d'amende ou de confiscation, le procureur-impérial est tenu de remettre extrait de ces jugemens au receveur de l'enregistrement établi dans l'arrondissement.

S'il y a eu appel, le procureur-impérial remet au receveur cet extrait dans les trois jours qui suivent la réception du jugement confirmatif (2).

S'il y a eu recours en cassation, la condamnation est exécutée dans les

----

(1) Loi du 18 germinal an 7 , art. 3.
(2) Arrêté du directoire exécutif dn 1er nivose an 5, modifié par celui du 16 du même mois.

vingt-quatre heures de la réception de l'arrêt de la cour de cassation, qui a rejeté la demande (1).

Dans tous les cas, il est procédé sans délai à la vente des bestiaux pris en délit et confisqués, au plus offrant et dernier enchérisseur, au jour de marché, à leur juste valeur (2), à la diligence du receveur de l'enregistrement, et par un huissier, qui en dresse procès-verbal (3).

Et s'il arrivoit que par l'autorité des propriétaires, il ne se trouvât point d'enchérisseurs, il en seroit dressé procès-verbal, et seroient les bestiaux envoyés aux marchés des villes, où

_______________

(1) Loi du 3 brumaire an 4, art. 443.
(2) Orponnance de 1669, tit. 32, art. 11.
(3) Lettre de l'administration générale des Eaux et Forêts du 10 janvier 1806, n° 3273.

( 219 )

il seroit trouvé plus à propos pour l'a-
vantage du trésor public (1).

Quant au recouvrement des amendes,
restitutions et dommages intérêts, les
receveurs de l'enregistrement font aussi
les diligences nécessaires, dès qu'ils
ont reçu les extraits des jugemens (2).

Après avoir consigné l'article sur leur
sommier, ils envoyent un avertissement
au condamné ; si à l'expiration du délai
fixé, le redevable ne se présente pas
pour s'acquitter, ils décernent contre
lui une contrainte (3).

______________

(1) Ordonnance de 1669, tit. 32, art. 11.
(2) Arrêté du directoire exécutif du 1er nivôse an 5, art. 2.
(3) Décision du ministre de la justice, an-
noncée dans une circulaire des administrateurs
du domaine national et de l'enregistrement
du 1er fructidor an 8, n°. 186.

Lorsqu'il s'agit d'un jugement contradictoire, il suffit au receveur d'en placer un extrait en tête de la contrainte (1).

A l'égard des jugemens par défaut, ils ne peuvent être exécutés qu'après avoir été signifiés en entier, et lorsqu'il est constaté qu'il n'y a pas eu d'opposition dans les dix jours à compter de cette signification (2).

Alors les receveurs peuvent se contenter de placer un extrait du jugement avec mention de la signification, sur la contrainte fondée sur le jugement (3).

Lorsqu'un condamné est dans l'impossibilité de payer, il peut lui être

_______________

(1) Circulaire de l'administration générale des Eaux et Forêts, du 12 germinal an 13, n° 261.

(2) *Ibid.*

(3) *Ibid.*

délivré un certificat d'indigence par le maire ou l'adjoint de sa commune (1).

Les maires et adjoints doivent être d'autant plus circonspects dans la délivrance de ces certificats, qu'ils en sont personnellement responsables (2).

Ces certificats d'indigence n'ont pour objet que d'éviter au trésor public des frais, lorsque les débiteurs ou redevables, sont dans l'impossibilité de se libérer envers la régie (3).

Le défaut de paiement des amendes et des dédommagemens ou indemnités, n'entraîne la contrainte par corps que vingt-quatre heures après le commandement (4).

______

(1) Circulaire du ministre de l'intérieur aux préfets, du 8 fructidor an 10.

(2) *Ibid.*

(3) *Ibid.*

(4) Loi du 28 septembre 1791, tit. 2 art. 5.

Si le condamné est solvable, son emprisonnement à défaut de paiement est effectué sur la poursuite du directeur de la régie, au nom du procureur impérial (1).

L'emprisonnement, à défaut de paiement de la part d'une personne solvable, est prolongé jusqu'à ce qu'elle se soit acquittée, car l'art. 18 du tit. 32 de l'ordonnance de 1669, et l'art. 41 du tit. 2 de la loi du 22 juillet 1791, qui veulent que les dommages-intérêts ainsi que la restitution et les amendes emportent contrainte par corps, ne limitent point la durée de l'emprisonnement qui doit être subi par le rede-

______________

(1) Lettre du ministre de la justice, du 3 pluviôse an 7, rapportée dans une circulaire de l'administration du domaine et de l'enregistrement du 1er fructidor an 8, n° 1864.

vable ; d'où l'on doit conclure que cet emprisonnement doit être continué jusqu'à ce que le condamné se soit acquitté.

Si le condamné est sans ressource, son insolvabilité doit être constatée par un exploit de carence (1).

Dans ce cas, la détention remplace l'amende ; mais sa durée en commutation de peine ne peut excéder un mois dans les délits pour lesquels cette peine n'est point prononcée.

Dans les cas graves où la détention est jointe à l'amende, la détention à l'égard des insolvables, peut être prolongée du quart du temps prescrit par la loi (2).

_______________

(1) Déclaration du Roi du 24 novembre 1670, art. 6.

(2) Loi du 28 septembre 1791, tit. 2, art. 5, et arrêté du directoire exécutif du 16 nivôse an 5, art. 4.

L'emprisonnement auquel une per--sonne solvable est condamnée par jugement, et celui qu'encourt un insolvable à défaut de paiement, sont exécutés au nom et sur la poursuite du procureur impérial (1).

# CHAPITRE XIII.

## *Des frais de poursuites et d'exécution.*

Les receveurs de l'enregistrement sont chargés de rembourser les frais faits pour la poursuite des délits forestiers, ainsi que de ceux qui sont adjugés contre l'administration générale des Eaux et Forêts (2).

_______________________

(1) Lettre du ministre de la justice du 3 pluviôse an 7, ci-dessus citée.

(2) Loi du 29 septembre 1791, tit. 9, art. 24.

Les receveurs de l'enregistrement,
dressent à la fin de chaque trimestre,
des états distincts et séparés des salaires
des témoins qui ont pu être administrés
par les officiers forestiers. Ces états in-
diquent la nature de chaque délit ; ils
sont appuyés des citations , et sont
soumis aux formalités de l'exécution
et du *visa* (1).

Les greffiers pour les expéditions ,
copies et extraits, qu'ils sont dans le
cas de délivrer, et les huissiers pour
les actes de leur compétence , forment
aussi des mémoires distincts et séparés,
à la fin de chaque mois ou de chaque

---

(1) Lettre du grand-juge aux commissaires
du gouvernement près les tribunaux, du 16
messidor an 11 , rapportée dans une circulaire de l'administration générale des Eaux et
Forêts du 10 messidor suivant , n°. 155.

trimestre, et ils les font arrêter par le conservateur ou l'inspecteur des Eaux et Forêts, avant de les présenter au président du tribunal, pour être par lui rendus exécutoires, en présence du procureur impérial, revêtus de la signature de ces magistrats, et visés par le préfet (1).

Tous ces frais ainsi constatés sont payés immédiatement par les receveurs du domaine dans chaque arrondissement, comme les autres frais de justice (2).

Les officiers forestiers demeurent

_________________

(1) Lettre du grand-juge aux commissaires du gouvernement près les tribunaux, du 16 messidor an 11, rapportée dans une circulaire de l'administration générale des Eaux et Forêts du 10 thermidor suivant, n°. 155.

(2) *Ibid.*

garans de la véracité des articles qu'ils sont chargés d'arrêter (1).

L'article I<sup>er</sup>. de la loi du 5 pluviôse an 13, concernant la diminution des frais de justice, n'est point appliquable aux citations et significations faites à la requête des officiers forestiers ; ils sont autorisés à continuer d'employer le ministère des huissiers ; mais ceux-ci n'ont plus droit de prétendre d'autre frais de voyage que ceux qui leur sont alloués par les règlemens antérieurs, pour les déplacemens auxquels ils seroient obligés dans l'étendue du canton seulement (2).

_______________

(1) Lettre du grand-juge aux commissaires du gouvernement près les tribunaux, du 16 messidor an 11 et rapportée dans une circulaire de l'administration générale des Eaux et Forêts du 10 thermidor suivant, n. 155.

(2) Instruction du grand-juge ministre de

Pour économiser les frais, les officiers forestiers, doivent combiner les significations, de manière à en faire faire plusieurs à la fois dans le même canton, par le même huissier, qui ne peut exiger qu'un seul droit de transport (1).

D'après les mêmes vues, les officiers forestiers ne doivent lever au greffe, que les expéditions évidemment indispensables (2).

----

la justice, du 6 brumaire an 14, contenant une circulaire de l'administration du 2 frimaire suivant, n. 294.

(1) Lettre du grand-juge aux commissaires du gouvernement près les tribunnaux, du 16 messidor an 11, rapportée dans une circulaire de l'administration générale des Eaux et Forêts du 10 thermidor suivant, n. 155.

(2) *Ibid.*

Ces expéditions doivent être présentées au président et au procureurimpérial qui y mettent leur *visa* et donnent au greffier un certificat, portant qu'il s'est conformé aux règlemens, tant sur les actes à délivrer, que sur le nombre de lignes dans chaque page , et de syllabes dans chaque ligne (1).

Les extraits des jugemens d'après les bases fixées par la loi du 30 nivôse an 5, ne peuvent être comptés séparément que pour un rôle (2).

Les greffiers ne sont autorisés à fournir une expédition des jugemens pour l'usage de l'agent forestier, que dans le cas où celui-ci l'a demandée (3).

---

(1) Décret impérial du 14 février 1806.

(2) Décision du grand-juge ministre de la justice du 19 août 1806.

(3) Circulaire du conseiller d'état directeur

Les inspecteurs et sous-inspecteurs ,
doivent dresser dans les premiers jours
de chaque trimestre , et adresser au
conservateur , un état des procès-verbaux , jugemens et condamnations qui
ont eu lieu pendant le trimestre précédent (1).

Ils s'aident dans la composition de
ces états , des états particuliers que les
receveurs de la régie sont chargés de
leur transmettre (2).

Le conservateur forme des états qui
lui sont fournis par les inspecteurs , un
état général et séparé par département ,

---

général de l'administration , du 3 septembre
1806.

(1) Circulaire de l'administration générale
des Eaux et Forêts du 1er messidor an 12 ,
n. 215.

(2) *Ibid.*

qu'il envoye à l'administration , au plus tard dans le mois qui suit l'échéance du trimestre (1).

Tous ces états sont accompagnés d'un bordereau, qui présente les procès-verbaux qui n'ont pu être jugés , et les condamnations qui n'ont pu être recouvrées , pendant le trimestre antérieur (2).

—————————————————

(1) Circulaire de l'administration générale des Eaux et Forêts du 1er messidor an 12 , n. 215.

(2) *Ibid.*

# FIN.

TARIF pour la fixation dés Amendes au pied le tour, appliqué aux mesures nouvelles, d'après l'article 1er du titre XXXII de l'Ordonnance de 1669.

*DISTINCTION des Classes suivant l'essence des Arbres.*

| 1.re CLASSE.<br>Chêne, Châtaignier et arbre fruitier.<br>*4 livres le pied de tour.*<br>12 fr. 32 cent. par mètre de tour. | | 2.e CLASSE.<br>Saule, Hêtre, Orme, Tilleul, Sapin, Charme et Frêne.<br>*5o sous le pied de tour.*<br>7 f. 70 cent. par mètre de tour. | | 3.e CLASSE.<br>Toute autre espèce d'arbre vert, en étant, sec ou abattu.<br>*3o sous le pied de tour.*<br>4 fr.62 cent. par mètre de tour. | |
|---|---|---|---|---|---|
| FRACTIONS du MÈTRE. | AMENDES par fraction du Mètre. | FRACTIONS du MÈTRE. | AMENDES par fraction du Mètre. | FRACTIONS du MÈTRE. | AMENDES par fraction du Mètre. |
| 1 centimètres. | 0f 12c | 1 centimètres. | 0f 08c | 1 centimètres. | 0f 05c |
| 2. | 0. 25. | 2. | 0. 15. | 2. | 0. 09. |
| 3. | 0. 37. | 3. | 0. 23. | 3. | 0. 14. |
| 4. | 0. 5o. | 4. | 0. 31. | 4. | 0. 18. |
| 5. | 0. 62. | 5. | 0. 39. | 5. | 0. 23. |
| 6. | 0. 74. | 6. | 0. 46. | 6 | 0. 28. |
| 7. | 0. 86. | 7. | 0. 54. | 7. | 0. 32. |
| 8. | 0. 99. | 8. | 0. 62. | 8. | 0. 37. |
| 9. | 1. 11. | 9. | 0. 69. | 9. | 0. 42. |
| 1 décimètres. | 1f 23c | 1. décimètres. | 0f 77c | 1 décimètres. | 0f 46c |
| 2. | 2. 46. | 2. | 1. 54. | 2. | 0. 92. |
| 3. | 3. 70. | 3. | 2. 31. | 3. | 1. 39. |
| 4. | 4. 93. | 4. | 3. 08. | 4. | 1. 85. |
| 5. | 6. 16. | 5. | 3. 85. | 5. | 2. 31. |
| 6. | 7. 39. | 6. | 4. 62. | 6. | 2. 77. |
| 7. | 8. 62. | 7. | 5. 39. | 7. | 3. 23. |
| 8. | 9. 86. | 8. | 6. 16. | 8. | 3. 70. |
| 9. | 11. 09. | 9. | 6. 93. | 9. | 4. 16. |
| 1 mètres. | 12f 32c | 1 mètres. | 7f 70c | 1 mètres. | 4f 62c |
| 2. | 24. 64. | 2. | 15. 40. | 2. | 9. 24. |
| 3. | 36. 96. | 3. | 23. 10. | 3. | 13. 86. |
| 4. | 49. 28. | 4. | 3o. 8o. | 4. | 18. 48. |
| 5. | 61. 6o. | 5. | 58. 5o. | 5. | 23. 10. |

# TABLE
## ALPHABETIQUE
### DES MATIÉRES.

———

## A.

qu'ils sont tenus de faire , 48. — Les
ventes ne pourront être changées en tout
ou en partie après l'adjudication, *ibid.* —
L'adjudicataire de bois de futaie est tenu
d'avoir un marteau, pour marquer les bois
qu'il vend sur pied, et un registre constatant ces ventes ; plusieurs associés ne peuvent, en général, avoir qu'un marteau, 49.
— Exception à cette règle, 50. — Les
bois vendus doivent être coupés, et la
traite doit en être faite dans les délais
déterminés par le cahier des charges, sans
que les officiers forestiers puissent accorder de prorogation de délai. *ibid.* — Lorsque les adjudicataires sont obligés de demander quelque prorogation de délai, ils
doivent se pourvoir de la manière indiquée
par le cahier des charges, 51. — Règles à
suivre pour l'exploitation des futaies, *ibid.*
— Les arbres doivent être abattus de manière qu'ils tombent dans les ventes, sans
endommager les arbres retenus, 52. —
Les marchands ne peuvent faire abattre
l'arbre sur lequel celui qui est tombé se

trouve encroué, sans permision et sans qu'il ait été pourvu à l'indemnité due au Gouvernement, *ibid* Les bois des cépées ne peuvent être coupés à la serpe ou à la scie, mais seulement à la coignée, page *ibid*. — Les adjudicataires doivent faire couper, recéper et ravaler le plus près de terre que faire se pourra, toutes les souches et étoit de bois pillés et rabougris étant dans les ventes, 53. — Ne peuvent, les adjudicataires, retenir dans leurs ventes d'autres bois que ceux qui en proviennent, *ibid*. — Il est défendu de faire travailler nuitamment, ni les jours de fêtes dans les ventes en coupes, ni d'y prendre et enlever du bois, *ibid*. — Les adjudicataires demeurent responsables des délits qui se font à l'ouïe de la coignée, si leurs facteurs ou gardes-ventes n'en font leur rapport, 54. — Mais avant l'exploitation, l'adjudicataire peut faire procéder à la reconnoissance des délits commis à l'ouïe de la coignée, *ibid*. — Défenses de donner aux bûcherons du bois pour leurs salaires, et aux bûcherons et ouvriers d'en emporter, 55. — Défenses aux marchands de faire ouvrer le bois ailleurs que dans les ventes, 56 — Il est défendu de faire cendre dans les forêts sans permission. *ibid.* — Règle à suivre pour la confection et le transport des cendres, 57, — Les adjudicataires ne peuvent peler le bois de leurs ventes, étant debout et sur pied, 58. — Les arbres marqués pour le service de la marine doivent être conservés par les adjudicataires. *ibid.* Ils sont tenus de mettre à part tout le bois de bourdaine de trois, quatre et cinq ans de recrue, pour le service de l'administration des poudres, 59. — Si, par les procès-verbaux de réarpentage, il se trouve de la surmesure entre les pieds corniers, le marchand doit la payer à proportion des prix et des charges de sa vente; et s'il s'en trouve moins, ce qui manque doit lui êre rabattu .ou remboursé en argent, sans qu'il soit permis de donner récompense en bois, ni de faire compensation en espèce, 60. — Condamnation encourue par l'adjudicataire, en cas d'outre-passe ou d'entreprise au-delà des pieds corniers, *ibid.*— Il ne peut être donné aucun bois parforme de remplage, sous prétexte de places vides et de chemins qui se sont rencontrés dans la vente, 61. — L'adjudicataire qui ne représente pas les baliveaux, arbres de lisière, tournans et pieds corniers, est condamné aux mêmes peines que les étrangers qui coupent les arbres en délit, 62. Voyez *Arpenteurs*, *Glandée*, *Officiers des chasses*, *Ventes ordinaires*, *Ventes extraordinaires*.

*Adjudication.* Voyez *Adjudicataires.*

*Administrateurs des Eaux et Forêts.* Voyez *Officiers supérieurs.*

*Administrateur-général des forêts de la couronne.* Voyez *Officiers supérieurs des Eaux et Forêts.*

*Administration des poudres.* Voyez *Bois de bourdaine.*

*Affirmation.* Les procès-verbaux doivent être affirmés par les gardes dans les vingt-quatre heures, 151. — L'affirmation est reçue par le juge de paix ; cas où elle peut être reçue par ses suppléans. Elle peut aussi être reçue par les maires, et à leur défaut, par leurs adjoints, dans certains cas, 153. — Les gardes doivent s'abstenir, autant qu'il est possible, d'affirmer leurs procès-verbaux devant un fonctionnaire public qui soit leur parent, 154.

*Affouage* consiste dans la faculté qu'ont certains usagers de se pouvoir dans une forêt du bois nécessaire à leur chauffage, 40. — Les usagers qui ont le droit de prendre le bois mort et sec, ne peuvent couper les arbres ayant seulement le houpier, ou quelques branches sèches, *ibid.* — Ceux dont le droit consiste à enlever le bois sec et gîsant, ne peuvent se servir d'aucune espèce de ferremens, même de crochets, 41.

*Agens forestiers.* Voyez *Officiers forestiers.*

*Aire d'oiseaux.* Voyez *Chasse.*

*Amas de bois.* Voyez *Ateliers*, *Gardes.*

*Amendes* sont solidaires entre les complices, 2. — Ne peuvent être au-dessous de la valeur de trois journées de

travail , 3. — Elles emportent con-
traintes par corps, *ibid.* — Sont doubles
lorsque les délits ont été commis depuis
le coucher, jusqu'au lever du soleil, par
scie, ou par feu, ou par les préposés
de l'administration, ou les officiers des
chasses, les usagers et tous employés à
l'exploitation des forêts et des ateliers des
bois en provenant, 13. Voyez *Peines, Re-
couvremens.*

*Animaux nuisibles.* Voyez *Chasse.*

*Appel.* Les jugemens de police correctionnelle rendus par les tribunaux de première instance, peuvent être attaqués par la
voie d'appel, 201. — Personnes auxquelles
appartiennent la faculté d'appeler, *ibid.*
— Délai dans lequel la déclaration d'appel doit être faite, 202. — Remise au
greffe de la requête, contenant les moyens
d'appel, *ibid.* — Les officiers forestiers
ne peuvent, sans autoritation, donner
suite aux appels par eux interjetés, 203.
— Envoi de la requête d'appel à la Cour
de justice criminelle, *ibid.* — Le procu-

reur-impérial a un délai d'un mois pour notifier l'appel au prévenu, 204. — Son ministère peu t être invoqué par les officiers forestiers , *ibid.* — L'appel est jugé à l'audience sur rapport , *ibid.* — Les parties y sont entendues ; les témoins peuvent y être appelés, 205. — La Cour de justice criminelle rejette la requête d'appel, ou annule le jugement, *ibid.* — Dans ce dernier cas, l'affaire est renvoyée à un autre tribunal de première instance, ou à un directeur de jury, autre que celui qui a visé la citation, 206. — Si le jugement est annulé pour mal jugé au fonds, la Cour statue elle-même définitivement, 207.

*Arbres.* Différentes espèces d'arbres de délits, 9. — L'amende ordinaire pour délits commis depuis le lever, jusqu'au coucher du soleil, sans feu, sans scie, par personnes privées, est, pour la première fois, de douze francs trente-deux centimes, pour chaque mètre de tour de chêne, et de tous autres arbres fruitiers ; de sept francs soixante-dix centimes, pour chaque mètre

de tour de saule, hêtre, orme, tilleul, sapin, charme et frêne ; de quatre francs
soixante-deux centimes, pour chaque mètre
de tour d'arbres de toute autre espèce, le
tout pris à cent soixante-deux millimètres
de terre, 10. Les mêmes amendes, au mètre
de tour, doivent être prononcées contre ceux
qui ont éhoupé, ébranché et déshonoré
les arbres, 12. — Il est défendu à toutes
personnes de charmer ou brûler les arbres
et d'en enlever l'écorce, à peine de punition corporelle, *ibid.* — Voyez *Amendes*,
*Tarif.*

*Arbres de réserve.* Pour étalons, baliveaux,
parois, arbres de lisières, l'amende est de
cinquante francs ; elle est de cent francs
pour pied cornier marqué du marteau
impérial et abattu ; et de deux cents francs
pour pied cornier arraché et déplacé, 13.
— L'amende, pour balivaux de l'âge
du taillis au-dessus de vingt-cinq ans, est
néanmoins réduite à dix francs, *ibid.* —
Voyez *Amende.*

— des places communales, chemins, ravins,

cimetières et autres lieux appartenant aux communes, hospices et autres établissemens publics, ne peuvent être abattus sans une autorisation de l'Administration générale des Eaux et Forêts, ou par elle transmise. Page 8. — 2.

— abattus, arrachés ou rompus. Voyez *Gardes.*

— charmes. Voyez *Arbres.*

— de délit. Voyez *Concessionnaires.*

— de marine. Voyez *Adjudicataires*, *Bois de particuliers.*

— éhoupés. Voyez *Arbres.*

— encroués. Voyez *Adjudicataires.*

— en étant. — Il est défendu aux Officiers forestiers de vendre aucun arbre en étant, sous prétexte qu'ils auroient été fourchés ou ébranchés, 71.

— épars. Voyez *Bois de particuliers*, *Arbres des places communales.*

*Argile.* Voyez *Sable.*

*Armes.* Voyez *Chasse*, *Gardes.*

*Arpenteurs.* Peines contre ceux qui se rendroient coupables de connivence, souffri-

roient ou feroient eux-mêmes un changement de pieds corniers, céleroient un transport ou arrachement de bornes, page 66.
Il leur est défendu, ainsi qu'aux gardes, de
faire les routes plus larges d'un mètre, pour
passer les portes-chaînes, 67. — Les bois
abattus dans les layes et tranchées ne peuvent être enlevés, ils demeurent au profit
de l'adjudicataire, sans que les arpenteurs
et les gardes y puissent prétendre aucune
part, *ibid.* — Les erreurs de mesures, lorsqu'elles excèdent un hectare sur quarante,
sont à la charge de ceux qui ont fait l'arpentage, 68. — Si, dans un mesurage,
l'arpenteur commet jusqu'à trois fois erreur
d'un hectare sur vingt, il doit être privé de
sa commission, *ibid.*

— *Arrêt.* Voyez *Cassation.*

— *Association.* Voy. *Adjudicataires, Gardes, Officiers des chasses.*

— *Associés.* Voyez *Adjudicataires.*

— *Ateliers.* Les cercliers, vanniers, tourneurs, sabotiers, et autres de pareille condition, ne peuvent tenir ateliers dans la

distance de 2222 mètres des forêts impériales, à peine de confiscation de leurs marchandises et de cent francs d'amende,
page 27. — Ceux qui habitent les maisons
situées dans les forêts impériales, ne peuvent y faire commerce ni tenir ateliers de
bois, ni en faire plus grand amas que ce
qui est nécessaire pour leur chauffage, à
peine de confiscation, d'amende et de démolition de leurs maisons, 28.

*Audiences.* **Voyez** *Appel, Tribunaux.*

*Avenues.* **Voyez** *Bois de particuliers.*

*Avoués.* **Leur** ministère est interdit dans tous
les procès qui intéressent le Gouvernement; 191. **Voyez** *Procureurs impériaux.*

## B.

*Baliveaux.* **Voyez** *Arbres, Concessionnaires.*

*Baux et congés.* **Voyez** *Bestiaux.*

*Bergers.* **Voyez** *Pâturage.*

*Bestiaux.* **Dommages** qu'ils causent en broutant l'herbe des forêts, 22. — Les bestiaux

des personnes non usagères trouvés en délit, ou hors des lieux, des routes et chemins désignés, doivent être confisqués,
et dans le cas où les bêtes ne pourroient
être saisies, les propriétaires doivent être
condamnés en l'amende qui est de vingt
francs pour chaque cheval, bœuf ou vache,
de cinq francs pour chaque veau, de trois
francs pour mouton ou brebis, le double
pour la seconde fois, et le quadruple pour
la troisième ; les maîtres, pères, chefs de
famille, propriétaires, fermiers et locataires des maisons y résidens, étant, dans
tous les cas, civilement responsables de
leurs pâtres et autres gardes et conducteurs, 23. — Les non-usagers qui conduisent les chèvres dans les forêts, do ivent
encourir l'amende et la confiscation, 24.
— Nul ne peut envoyer ses bestiaux en pâturage, sous prétexte de baux et congés
des officiers forestiers, receveurs ou fermiers du domaine, même des engagistes ou
usufruitiers, à peine de confiscation des
bestiaux et de cent francs d'amende, *ibid.*

— Il est procédé sans délai à la vente des bestiaux pris en délit et confisqués, à la diligence du receveur de l'enregistrement, et par un huissier qui en dresse procès-verbal, 218. — S'il ne se trouve pas d'enchérisseurs, les bestiaux sont envoyés aux marchés des villes où il est jugé plus à propos, pour l'avantage du trésor public, *ibid.* Voy. *Dégâts, Juges-de-Paix.*

*Bêtes à laine.* Voyez *Dégâts.*

*Bêtes de somme.* Voy. *Dégâts, Vol de bois.*

*Biches.* Voyez *Chasse.*

*Bœufs.* Voyez *Bestiaux, Dégâts.*

*Bois communaux.* Les amendes, peines et condamnations pour délits commis dans ces bois et dans ceux appartenant aux hospices et autres établissemens publics, sont en général les mêmes que celles qui concernent les délits commis dans les forêts appartenant à l'état, pag. 75. — Mais certains délits commis dans lesdits bois sont punis de peines différentes, 76. — Il est défendu de défricher aucuns bois ni pâtis appartenant aux communes, à peine de

tion du préfet et du ministre de l'intérieur, 108.— Peines contre toutes personnes qui, sans autorisation suffisante, chassent dans les bois communaux, 109. Voyez *Dégâts*, *Délits de chasse*, *Délits forestiers*, *Gardes forestiers*, *Maraudage*, *Vol de bois*.

— *de Bourdaine*. Voyez *Adjudicataires*, *Bois de particuliers*.

— *d fensables*. Voyez *Pâturage*.

— *de la Légion-d'honneur*. Voy. *Usufruitiers*.

— *de particuliers*. Les possesseurs de bois joignant les forêts impériales à titre de propriété ou d'usufruit, sont tenus de déclarer aux officiers forestiers le nombre et la qualité qu'ils doivent en vendre chaque année, à peine d'amende arbitraire et de confiscation, 29. — Aucun bois ne peut être arraché ni défriché que six mois après la déclaration faite par le propriétaire devant le conservateur des Eaux et Forêts, 84. — L'administration peut dans ce délai faire mettre opposition au défrichement; il y est statué par le gouvernement, *ibid.* — En cas de contravention, le propriétaire est condamné à remettre une égale quantité de terrain en nature de bois, et à l'amende, 85. — Faute par le propriétaire d'effectuer la plantation dans le délai fixé par le conservateur, il y est pourvu à ses frais, *ibid.* — Quels sont les bois, semis et plantations qui sont exceptés de ces dispositions, 87. — Le martelage, pour le service de la marine, a lieu dans les bois des particuliers, taillis, futaies, avenues, lisières, parcs et sur les arbres épars, *ibid.* — La coupe des arbres marqués pour le service de la marine, est soumise aux règles observées pour les bois impériaux, *ibid.* — Tout propriétaire de futaie est tenu, hors le cas d'urgente nécessité, de faire, six mois d'avance, devant le conservateur, la déclaration des coupes qu'il est dans l'intention d'exploiter, 88. — Espèce d'arbres qui peuvent être coupés sans déclaration, 89. — Peines contre ceux qui coupent des chênes, pins, sapins, hêtres, ormes et frênes, sans déclaration, *ibid.*

— Les peines sont les mêmes contre ceux qui coupent des arbres marqués pour le service de la marine, 90. — Les délits commis par autrui, dans les bois des particuliers, sont punis des mêmes peines que ceux qui se commettent dans les forêts impériales, 91. — Il n'y a d'exception que pour les délits de maraudage, vol et enlèvement de bois dans les taillis et futaies, et pour les dégâts faits par les troupeaux et bestiaux dans les taillis, *ibid.* — L'administration générale des poudres peut faire la recherche, coupe et enlevement de bois de bourdaine, dans les bois des particuliers, dans l'étendue de quinze myriamètres des fabriques de poudre, *ibid.* — Bois qui sont exceptés de cette mesure, 92. — Les propriétaires ou possesseurs peuvent chasser ou faire chasser dans leurs bois et forêts en tout temps; mais ne peuvent s'y servir de chiens courans, dans la saison où les terres et vignes sont couvertes de leurs fruits, 108. — Peines contre toutes personnes qui, sans autorisation

suffisante, chassent dans les bois appartenant aux particuliers, 109. Voyez *Bois
communaux*, *Dégâts*, *Délits de chasse*,
*Délits forestiers*, *Gardes forestiers*,
*Pâturages*, *Vol de bois.*

*Bois des Sénatoreries.* Voyez *Usufruitiers.*

— *enlevé.* Pour chaque charretée de merrain, bois carré, de sciage ou de charpenterie, l'amende est de quatre-vingts
francs, 12. — Pour la charretée de bois de
chauffage, de quinze francs, *ibid.* — Pour
la charge de cheval ou bourrique, de quatre
francs, *ibid.* — Et d'un franc pour le fagot
ou la fouée, *ibid.*

— *mort et sec.* Voyez *Affouage.*

— *sec et gisant.* Voyez *Affouage.*

— *tenus à titre de concession*, sont soumis
au régime forestier, 93. Voyez *Concessionnaires.*

— *tenus à titre d'engagement.* Sont soumis
au régime forestier. *ibid.* Voyez *Concessionnaires.*

— *tenus à titre d'usufruit.* Sont soumis au

régime forestier , 94. Voyez *Concéssion-naires.*

— *tenus en grairie.* Voyez *Bois tenus en gruerie.*

— *Bois tenus en gruerie.* Grairie, tiers , danger et par indivis sont régis par l'administration générale des Eaux et Forêts , comme les forêts impériales , 97. — Peines encourues par les auteurs des usurpations et défrichemens entrepris sur ces bois, sans autorisation du gouvernement, *ibid.* — Les amendes et confiscations adjugées pour ces bois appartiennent à l'Etat, 98. — Mais les possesseurs ont la même part aux restitutions et dommages-intérêts qu'ils ont droit d'avoir aux ventes, *ibid.* — Les ventes ordinaires sont faites par autorisation de l'administration générale des Eaux et Forêts , *ibid.* — Les coupes extraordinaires ne peuvent être faites qu'en vertu d'un décret impérial , *ibid.*—Peines contre les contrevenans , *ibid.*

— *tenus en tiers et danger.* Voyez *Bois tenus en gruerie.*

*Bois tenus par indivis.* Voyez *Bois tenus en gruerie.*

*Boqueteaux.* Voyez *Fruits sauvages, Herbages.*

*Bornes.* Voyez *Gardes*

*Bourdaine.* Voyez *Bois de Bourdaine.*

*Bourrique.* Voyez *Bois enlevé, Fruits sauvages.*

*Brandons.* Voyez *Pêche.*

*Brebis.* Voyez *Bestiaux, Bétes à laine, Pâturage.*

*Brigades de la Gendarmerie.* Doivent prêter main forte lorsqu'elle leur est légalement demandée par les administrateurs et officiers forestiers, dans les cas où les gardes ne sont pas en force suffisante pour arrêter les délinquans, 143.

*Bruyères.* Voyez *Bois communaux, Feu, Pâturage.*

*Bûcherons.* Voyez *Adjudicataires.*

*Buissons.* Voyez *Chasse, Fruits sauvages Herbage, Riverains.*

# C.

*Cabarets.* **Voyez** *Gardes.*

*Canaux.* **Voyez** *Gardes Forestiers.*

*Carence.* **Voyez** *Exploit de Carence.*

*Carrières.* Nul ne peut faire ouverture de carrière, dans l'étendue et aux reins des forêts, sans permission expresse du gouvernement, à peine de mille francs d'amende, 8. — Après cette autorisation, les carrières ne peuvent être ouvertes et exploitées que d'accord avec les ingénieurs des Ponts et Chaussées, et les officiers forestiers, 9. —

*Cassation.* On peut se pourvoir en cassation contre les jugemens rendus par les Tribunaux de Police, 207. — On peut aussi se pourvoir en cassation contre les arrêts des cours de justice criminelle, rendus sur l'appel des jugemens de police correctionnelle, 208. — Le condamné a trois jours francs pour déclarer qu'il se pourvois ; il est sursis pendant ce tems à l'exécution du jugement ou de l'ar-

cour par simple extrait, 212. — Cet
extrait, après avoir été adressé an Ministre
de la justice, et par celui-ci au Procureur-
Général Impérial près la Cour de justice
criminelle, est communiqué au Président, à l'accusé et à son conseil, 213.
— Cas dans lesquels la cour de cassation
peut annuler les arrêts des Cours de justice criminelle, *ibid.* — L'arrêt de la
cour de cassation qui annule un arrêt d'une
cour de justice criminelle est adressé en
expédition authentique au procureur-gé-
néral-impérial, qui la communique au président, à l'accusé et à son conseil, et la
dépose ensuite au greffe, 215. — Toutes
ces dispositions sont communes au recours
en cassation contre les jugemens des tribunaux de police, *ibid.*

*Cendres.* Voyez *Adjudicataires.*

*Cercliers.* Voyez *Atteliers.*

*Cerfs.* Voyez *Chasse.*

*Certificats d'indigence.* Lorsqu'un condamné
est dans l'impossibilité de payer, il peut
lui être délivré un certificat par le maire

ou l'adjoint de sa commune, qui en est responsable, 220. — Ces certificats n'ont pour but que d'éviter des frais au trésor public, — 221.

*Chablis*. Les officiers forestiers doivent veiller à la conservation des Chablis, empêcher qu'ils ne soient pris, enlevés ou ébranchés par les usagers et autres ; et en cas qu'il s'en trouve de coupés par troncs ou ébranchés, ils poursuivent contre les délinquans les condamnations au mètre de tour, 70. — Les officiers forestiers doivent reconnoître les Chablis désignés par les procès-verbaux des Gardes, et les marquer du marteau-impérial, 71. —

*Chanvre*. Voyez *Lêche*.

*Charbonniers*. Voyez *Marchands-Ventiers*.

*Charme*. Voyez *Arbres*.

*Charrette*. Voyez *Bois communaux*.

*Charretée* de bois de délit. Voyez *Bois enlevé*.

*Charretiers*. Voyez *Marchands-ventiers*, *responsabilité*.

*Chasse*. Abolition du droit exclusif de la

chasse, 99. — Défenses à toutes personnes de chasser sur le terrain d'autrui sans son consentement, 100. — Il est défendu de prendre en tous lieux les œufs de cailles, de perdrix et faisans, *ibid.* — Peines contre les tendeurs de lacs, tirasses, etc., 101. — Défenses à toute personne de porter des fusils et pistolets à vent, et autres armes offensives cachées et secrettes, *ibid.* — La chasse aux chiens couchans en tout lieu est interdite, 102. — Les armes avec lesquelles la contravention a été faite, sont dans tous les cas confisquées, *ibid.* — Mais les gardes ne peuvent désarmer les chasseurs, *ibid.* — Les pères et mères sont civilement responsables de leurs enfans mineurs, *ibid.* — Si les délinquans sont déguisés ou masqués, s'ils sont sans domicile, ils sont arrêtés sur-le-champ, 103.

— *dans les forêts impériales* est interdit à toute personne sans distinction, 103. — Les corps administratifs pouvoient permettre à certains particuliers de chasser aux animaux nuisibles ; maintenant la surveillance et la police des chasses dans les forêts sont dans les attributions du grand-veneur de la couronne, *ibid.* — La louveterie fait partie de ces attributions, 104. — Les officiers forestiers reçoivent les ordres du grand-veneur, pour tout ce qui a rapport à la chasse et à la louveterie, *ibid.* — Les permissions de chasse sont accordées par le grand-veneur, *ibid.* — Il est défendu à toute personne non munie d'une permission de chasser ou d'entrer de nuit dans les forêts impériales, avec armes à feu, à peine de cent francs d'amende, 105. — Il est défendu à qui que ce soit de prendre dans les forêts impériales, garennes, buissons, plaisirs, aucuns aires d'oiseaux, à peine de cent francs d'amende pour la première fois, et du double pour la seconde, 106. — Les officiers des chasses et les officiers forestiers sont tenus de faire renverser les terriers de lapins qui se trouvent dans les forêts impériales, *ibid.* — Il est défendu à qui que ce soit de tirer dans les forêts et bois impériaux les cerfs et biches, à peine

de deux cent cinquante francs d'amende,
107. — Les délits de chasse commis par
les militaires, sont de la compétence des
tribunaux de police correctionnelle, 111.
*Voyez Bois communaux, Bois de parti-
culiers, Délits de chasse, Gardes forestiers, Procès-verbaux.*

*Châteaux.* Voyez *Riverains.*

*Chauffage.* Voyez *Affouage.*

*Chaux.* Il est défendu à toute personne de
faire de la chaux à 714 mètres de distance
des forêts impériales, et aux officiers forestiers de le souffrir, à peine de cinq cents
francs d'amende et de confiscation, 28.

*Chefs de famille.* Voyez *Bestiaux.*

*Chemins.* Voyez *Adjudicataires, Arbres,
Pâturages, Routes.*

*Cheval.* Voyez *Bestiaux, Bois enlevé; Dégats, Fruits sauvages.*

*Chèvres.* Voyez *Dégâts, Pâturages.*

*Chiens couchans.* Voyez *Chasse.*

*Chiens courans.* Voyez *Bois de particuliers.*

*Cimetières.* Voyez *Arbres.*

*Citations.* Voyez *Tribunaux.*

*Cochons.* Voyez *Dégâts, Glandée, Panage.*

*Cognée.* Voyez *Adjudicataires, Routes.*

*Commandement.* V. *Contrainte par corps.*

*Commerce de bois.* Voy. *Ateliers, Gardes.*

*Commis.* Voyez *Responsabilité.*

*Commissaires de Police.* Ces fonctionnaires publics, ainsi que les maires et leurs adjoints, requis par un garde, ne peuvent se refuser de l'accompagner sur-le-champ dans sa perquisition, à peine de destitution, et de demeurer responsables du dommage souffert. Ils sont tenus en outre de signer le procès-verbal de perquisition, 150. Voyez *Perquisition, Procès-verbaux, Officiers de police judiciaire, Tribunaux de police.*

*Comparution.* Voyez *Tribunaux de police.*

*Compétence.* Voyez *Tribunaux.*

*Complots.* Voyez *Adjudicataires.*

*Conducteurs.* Voyez *Bestiaux.*

*Concessionnaires, Engagistes* et *Usufruitiers* peuvent vendre de gré-à-gré les bois dont les lois leur donnent la jouissance, 94. — Mais aucun fermier ou marchand ne peut s'immiscer dans les coupes qu'en vertu d'assiettes, martelages et délivrances faites par les officiers forestiers, 94. — Ne peuvent, les mêmes concessionnaires, engagistes ou usufruitiers, disposer d'aucune futaie, des balivaux ni des chablis, arbres de délits, amendes, restitutions et confiscations en provenant. Il leur est défendu de couper aucun arbre-futaie ni balivaux pour l'entretien des bâtimens, qu'en vertu d'un décret impérial, 95.

*Confiscation.* Outre la restitution et les dommages-intérêts, il y a toujours confiscation des chevaux, bourriques et harnois qui se trouvent chargés de bois de délits, et des scies, haches, serpes, coignees, et autres outils dont les coupables sont trouvés saisis, 15.

*Connivence.* **Voyez** *Arpenteurs.*

*Conservateur des Eaux et Foréts.* **Voyez** *Bois de particuliers, Gardes, Officiers supérieurs des Eaux et Foréts.*

*Contrainte.* **Voyez** *Recouvrement.*

*Contrainte par corps.* De défaut de paiement des amendes et des dédommagemens ou in-

demnités n'entraîne la contrainte par corps
que vingt-quatre heures après le commandement, 221. Voyez *Emprisonnement.*

*Coupes extraordinaires.* Voyez *Ventes extraordinaires.*

— *ordinaires.* Voyez *Bois communaux,
Ventes ordinaires.*

*Cour de cassation.* Voyez *Appel, Jugement.*

— *de justice criminelle.* Voyez *Appel, Cassation.*

*Crochets.* Voyez *Chauffage.*

## D.

*Déclaration.* Voyez *Bois de particuliers.*

*Dédommagement.* Voyez *Dégâts, Maraudage, Vol de bois.*

*Défaut.* Si la personne citée ne comparoît pas,
elle est jugée par défaut, 193. — La condamnation par défaut est comme non avenue, si dans les dix jours de la signification
du jugement, la personne citée demande
à être entendue, *ibid.* — Dans le cas contraire, le jugement par défaut demeure définitif, 194. — Ces dispositions sont com-

munes aux tribunaux de première instance, exerçant la police correctionnelle, et aux tribunaux de police, 194.

*Défrichemens.* Sont défendus dans les bois impériaux, sous peine de privation de tous droits dans ces bois, d'amende arbitraire, de rétablir les lieux en leur premier état, de tous dépends et dommages - intérêts, 7 et 8. Voyez *Bois communaux, Bois tenus en gruerie, Délits forestiers.*

*Dégats.* Faits dans les bois-taillis des particuliers ou des communautés, par les bestiaux ou troupeaux, sont punis d'amende, savoir : pour bête à laine un franc, pour cochon un franc, pour une chèvre deux francs, pour un cheval ou autre bête de somme deux francs, pour un bœuf, une vache ou un veau, 3 francs, 79. — Circonstances qui font porter les amendes au double, au triple, au quadruple, *ibid.* — Le dédommagement dû au propriétaire est estimé de gré-à-gré, ou à dire d'experts, 80.

*Délais pour la poursuite des délits.* Voyez *Délits.*

*Délits.* Il n'est question dans cet ouvrage que des délits forestiers, de chasse et de pêche proprement dits, 6.

— *de chasse dans les bois communoux*; des hospices et autres établissemens publics, sont poursuivis par les administrateurs légaux; et en cas de négligence de leur part, par les officiers forestiers, 169.

— *dans les bois des particuliers*, sont poursuivis par les propriétaires de ces bois dans le délai d'un mois 170.

— *dans les forêts impériales*, sont poursuivis par les officiers forestiers, 169. Voyez *Chasse.*

— *de pêche*, commis par les fermiers et porteurs de licences, et ceux commis sur les rivières non navigables, par les propriétaires riverains, sont poursuivis par les officiers forestiers, 171. — Les personnes ayant droit de pêche, doivent poursuivre quiconque les trouble dans l'exercice de ce droit; mais les officiers forestiers peuvent y suppléer, *ibid.*

— *forestiers dans les Bois communaux*

sont poursuivis par les mêmes fonctionnaires publics, de la même manière et dans les mêmes délais que les délits commis dans les forêts impériales, 163. — Il en est de même des délits commis dans les bois appartenant aux hospices et autres établissesemens publics, 165. — Cas où les maires, adjoints et autres administrateurs légaux sont fondés à poursuivre l'action civile contre les délinquans, 166.

— *dans les bois des particuliers*, commis par les propriétaires, pour cause de défrichemens et de coupe de futaie, sont poursuivis par les officiers forestiers, 166. — Ces poursuites sont faites dans les mêmes délais que pour les forêts impériales, 167. — La répression des contraventions aux règles établies sur l'exercice du droit de parcourre en pâturage dans les bois de particuliers, n'appartient point par action principale aux officiers forestiers, *ibid.* — Fonctionnaires publics auxquels les particuliers peuvent transmettre les procès-verbaux de délits commis dans leurs bois,

pour servir de dénonciation civique , 168.
— Les propriétaires peuvent intenter l'action civile contre les auteurs des délits de maraudage, vol et pâturage , commis dans leurs bois , sauf au procureur-impérial à prendre ses conclusions pour la vindicte publique , *ibid.* — Dans ce cas , le propriétaire doit intenter les poursuites dans le délai d'un mois, *ibid.* — Les particuliers qui ont fait leur dénonciation civique, peuvent ensuite intervenir comme partie civile , pour obtenir leurs dommages-intérêts , 169.
— *dans les forêts impériales* , sont poursuivis au nom de l'administration générale des Eaux et Forêts, par les officiers forestiers. — Délais dans lesquels les poursuites doivent être intentées. Voyez *Tribunaux.*

*Dénonciation civique.* Voyez *Procès-verbaux.*

*Dépens.* Voyez *Frais.*

*Détention.* Voyez *Insolvabilité , Maraudage, Vol de bois.*

*Directeur des Domaines.* Voyez *Emprison-nement, Jugemens.*

— *général des Eaux et Foréts.* Voyez *Offi-ciers supérieurs des Eaux et Foréts.*

*Domestiques.* Voyez *Responsabilité.*

*Dommages intéréts.* Emportent contrainte par corps, 3. Voyez *Recouvrement, Res-titution.*

## E.

*Ecorce.* Voyez *Adjudicataires.*

*Emprisonnement.* Ne peut être moindre de trois jours, 3. — N'excède jamais l'espace de deux ans, *ibid.* — Est la même chose que la peine corporelle prononcée par l'ordonnance, *ibid.* — Cette peine doit avoir lieu chaque fois qu'il s'agit d'un délit qui, d'après l'ordonnance, seroit puni du fouet, du carcan ou des galères, *ibid.* — Si le condamné est solvable, son emprisonnement, à défaut de paiement, est effectué sur la poursuite du directeur des domaines, au nom du procureur-impérial, 222. — L'emprisonnement, à défaut de paiement d'une personne solvable, est prolongé jusqu'à ce qu'elle se soit acquittée, *ibid.* Voy. *Peines.*

*Engagistes.* Voyez *Concessionnaires.*

*Engins.* Voyez *Pêche.*

*Enlèvement de bois.* Voyez *Maraudage.*

*Enregistrement* des procès - verbaux , doit avoir lieu dans le délai de quatre jours, à peine de nullité. Peines contre les gardes qui n'ont pas fait enregistrer leurs procès-verbaux dans ce délai , 154. — Les procès-verbaux des gardes impériaux et communaux s'enregistrent en débet, 156.

*Epaves.* Voyez *Pêche.*

*Etablissemens publics.* Voyez *Arbres* , *Bois communaux*, *Délits de chasse* , *Délits forestiers* , *Feu* , *Pâturage.*

*Etalons.* Voyez *Arbres.*

*Etangs.* Voyez *Pêche.*

*Etats des procès - verbaux* , *jugemens et condamnations* . sont fournis chaque trimestre par les officiciers forestiers à l'administration , 230.

*Etocs.* Voyez *Adjudicataires.*

*Exécutoire.* Voyez *Frais.*

*Expéditions.* Les officiers forestiers ne doivent lever au greffe que les expéditions évidemment indispensables , 228.

*Exploits de carence.* Voyez *Insolvabilité.*

## F.

*Fagots.* Voyez *Bois enlevé.*

*Faînes.* Voyez *Fruits sauvages , Glandée , Panage.*

*Faix à col.* Voyez *Fruits sauvages.*

*Fermiers.* Voyez *Bestiaux , Responsabilité.*

*Feu.* Il est défendu d'allumer du feu dans les forêts , landes et bruyères , à peine de punition corporelle et d'amende arbitraire , outre la réparation des dommages , 16. — Il est également défendu sous les mêmes peines d'allumer du feu plus près de 970 mètres des forêts , landes et bruyères , 17.

*Flagrant délit.* Voyez *Gendarmes , Officiers supérieurs des Eaux et Forêts.*

*Forges.* Voyez *Officiers forestiers.*

*Fossés.* Voyez *Gardes , Pâturages , Riverains.*

( 273 )

*Fosses à charbon.* Voyez *Adjudicataires.*

*Fouée.* Voyez *Bois enlevé.*

*Frais.* Tout jugement de condamnation doit
prononcer au profit de l'état le remboursc-
ment des frais de poursuite, 198. — Ces
frais sont liquidés, et la liquidation est rendue exécutoire par le président du tribunal,
199. — Les receveurs de l'enregistrement
sont chargés de rembourser les frais faits
pour la poursuite des délits forestiers,
ainsi que ceux qui sont adjugés contre l'administration, 224.

*Frais de sequestre.* Voyez *Juges-de-Paix.*

*Frêne.* Voyez *Arbres.*

*Fruits sauvages.* Toutes personnes amassant
de jour des glands ou faînes, et les emportant des forêts, boqueteaux, garennes et
buissons, sont condamnés pour la première
fois, savoir : pour faix à col de cinq francs,
et pour harnois de quarante francs ; au double pour la seconde fois, et en tous cas à
la confiscation des chevaux, bourriques et
harnois qui se trouvent chargés, 19.

## G.

*Gardes forestiers* de toute espèce sont responsables de toutes négligences, contraventions et malversations, 63. — Ils sont tenus des indemnités et amendes encourues par les délinquans, lorsqu'ils n'ont pas duement constaté les délits, *ibid.* — Ils doivent faire, de trois mois en trois mois, un rapport sur les bornes, haies et fossés étant à leur garde, 64. — Ils ne peuvent faire commerce de bois, tenir ateliers ou amas en leurs maisons, prendre vente ou s'associer avec les marchands, tenir cabarets ou hôtelleries, ni boire avec les délinquans, 65. — Doivent dresser procès-verbal des arbres abattus, arrachés ou rompus, et en envoyer expédition dans trois jours aux officiers forestiers, *ibid.* — Il leur est expressément défendu d'abuser de leurs armes pour tirer aucun gibier, 66. Voyez *Flag ant délit.* Peuvent faire tous exploits relatifs aux Eaux et Forêts, 181.

exercer leur surveillance sur les plantations des canaux et des grandes routes, 131.

aussi veiller sur tout ce qu'on entreprend pour fait de pêche sur les rivières non navigables et ruisseaux affluens, 134.

*Gardes-ventes.* Voyez *Marchands ventiers.*

*Garennes.* Voyez *Chasse, Fruits sauvages, Herbages.*

*Gendarmes.* Doivent saisir les dévastateurs de bois lorsqu'ils sont pris sur le fait, 143. Voyez *Brigades de la gendarmerie saisie.*

*Glandée.* L'adjudicataire doit souffrir les porcs des usagers, 20. — Temps où la glandée est ouverte, *ibid.* — Le nombre des porcs qu'y peuvent envoyer les adjudicataires et les usagers est déterminé, *ibid.* — Les porcs envoyés en glandée doivent être marqués au feu, 21. — Il est défendu à toutes personnes, autres que les usagers et leurs ayant cause, d'envoyer leurs porcs en glandée dans les forêts impériales, à peine de cent francs d'amende et de confiscation, *ibid.* — Il est défendu aux usagers d'abattre la glandée, les faînes et autres fruits des arbres, de les ramasser ni emporter, 44.

*Glands.* Voyez *Fruits sauvages, Panage.*

*Grairie.* **Voyez** *Bois tenus en grairie.*

*Grandes routes.* **Voyez** *Gardes forestiers.*

*Grand-veneur.* **Voyez** *Chasse.*

*Greffiers* pour les expéditions, copies et extraits qu'ils sont dans le cas de délivrer, forment des mémoires à la fin de chaque mois ou de chaque trimestre, 225. — Formalités dont doivent être revêtus ces mémoires, 226.

*Gruerie.* **Voyez** *Bois tenus en gruerie.*

## II.

*Haies.* **Voyez** *Gardes forestiers.*

*Harnois.* **Voyez** *Fruits sauvages, Pêche.*

*Herbages.* Raisons pour lesquelles ils doivent être conservés dans les forêts, 21. — Tous particuliers coupant ou amassant de jour des herbages de telle nature et âge que ce soit, et les emportant des forêts, boqueteaux, garennes et buissons, sont condamnés aux mêmes amendes que ceux qui amassent et emportent les glands et faînes, 22. **Voyez** *Fruits sauvages.*

*Hêtre.* Voyez *Arbre.*

*Hospices.* Leurs administrateurs et ceux des autres établissemens publics ne peuvent rien entreprendre au-delà des coupes ordinaires ou réglées, sans une autorisation du gouvernement, à peine d'amende arbitraire et de restitution du quadruple, 82. Voyez *Arbres*, *Bois communaux*, *établissemens publics*, *Feu.*

*Hôtelleries.* Voyez *Gardes.*

*Huissiers.* Les officiers forestiers sont autorisés à continuer d'employer le ministère des huissiers pour les citations et significations, 227. — Frais de voyage alloués aux huissiers, *ibid.* Voyez *Bestiaux*, *Saisie*, *Tribunaux.*

I.

*Incendie* commis dans les forêts ou bois-taillis, par malice ou vengeance, et à dessein de nuire à autrui, est puni de mort, 17. — Les officiers forestiers sont tenus de faire la dénonciation officielle de tels délits, lors-

qu'ils en ont acquis la connoissance, *ibid.*
Voyez *Feu , Usagers.*
*Inscription de faux.* Voy. *Procès-verbaux.*
*Insolvabilité.* Si le condamné est sans ressource , son insolvabilité doit être constatée par un exploit de carence, 223. — Dans
ce cas , la détention remplace l'amende ;
mais sa durée en commutation de peine ne
peut excéder un mois dans les délits pour
lesquels cette peine n'est pas prononcée ,
*ibid.* — Dans les cas graves, où la détention est jointe à l'amende, la détention, à
l'égard des insolvables, peut être prolongée du quart du temps prescrit par la loi ,
*ibid.* Voyez *Emprisonnement.*

## J.

*Jugemens.* Sont exécutés à la diligence du
procureur-impérial, 216. — Néanmoins les
poursuites pour le recouvrement des amendes, confiscations et frais, sont faites au
nom du procureur-impérial, par le directeur
de l'enregistrement, *ibid.* — Remise de

l'extrait des jugemens de condamnation par le procureur-impérial au receveur de l'enregistrement, 217. Voyez *Frais, recouvrement, Tribunaux.*

*Juges-de-Paix.* Peuvent donner main - levée provisoire bestiaux, instrumens, voitures et attelages séquestrés par les gardes dans leur territoire, en exigeant bonne et suffisante caution, et en faisant satisfaire aux frais de séquestre, 176. — Si les bestiaux saisis ne sont pas réclamés dans les trois jours de la séquestration, lesdits juges en ordonnent la vente à l'enchère, *ibid.* Voy. *Affirmation, Officiers de police judiciaire; Procès-verbaux.*

## L.

*Landes.* Voyez *Feu, Pâturage.*
*Layes.* Voyez *Arpenteurs.*
*Licence.* Voyez *Pêche.*
*Lin.* Voyez *Pêche.*
*Lisières.* Voyez *Bois de particuliers.*
*Locataires.* Voyez *Bestiaux.*
*Louveterie.*

# M.

*Main-forte.* Voyez *Brigadiers de la gen*
darmerie.

*Maires et Adjoints.* Voyez *Affirmation,*
*Bois communaux, Commissaires de po-*
*lice, Officiers de police judiciaire, Pro-*
*cès-verbaux.*

*Maisons.* Voyez *Ateliers, Riverains.*

*Maisons bâties sur perches,* à deux kilomètres des forêts, doivent être démolies,
29.

*Maraudage,* ou enlèvement de bois fait à dos
d'hommes dans les bois-taillis et futaies
ou autres plantations d'arbres de particuliers ou communautés, est puni d'une
amende double du dédommagement dû au
propriétaire. La peine de détention peut
être de trois mois, 78. Voyez *Délits fo-*
*restiers.*

*Marchands ventiers.* Voy. *Adjudicataires.*

*Marine.* Voyez *Arbres de marine.*

*Marne.* Voyez *Sable.*

*Maronage.* Est le droit de prendre dans une

forêt les arbres nécessaires à la construc-
tion et aux réparations des bâtimens , 40.
— Ceux qui ont ce droit ne peuvent prendre aucun arbre qu'après la délivrance
faite par les officiers forestiers , 41. — Les
délivrances n'ont lieu qu'après que les réparations ont été jugées nécessaires , *ibid.* —
Quels que soient les droits des usagers , ils
peuvent toujours être restraints, suivant l'état
et la possibilité de la forêt , 42. — Les arbres
sont délivrés au maire de la commune, qui
n'en fait la distribution qu'après l'exploitation, *ibid.* — L'exploitation est faite par
des commissaires responsables des malversations , *ibid.* — Les usagers ne peuvent
disposer des bois à eux délivrés que pour
leurs besoins , 43. — Aucune délivrance ne
peut être faite aux usagers, qu'après qu'ils
ont justifié de l'emploi des arbres à eux précédemment délivrés, *ibid.* — Les usagers
ne peuvent donner aucune partie de bois à
eux délivrés, en paiement aux propriétaires
des scieries, pour la refente desdits bois ,
*ibidem.*

*Martinets.* Voyez *Officiers forestiers.*

*Mètre de tour.* Voyez *Arbres.*

*Militaires.* Voyez *Délits de chasse.*

*Moins de mesure.* Voyez *Adjudicataires.*

*Monopole.* Voyez *Adjudicataires.*

*Moulins à scie.* Voyez *Officiers forestiers.*

*Moutons.* Voyez *Bestiaux*, *Pâturage.*

## N.

*Nullités.* Voyez *Procès-verbaux.*

## O.

*OEufs de caille, perderix et faisans.* Voyez *Chasse.*

*Officiers de la gendarmerie* Voyez *Procès-verbaux.*

*Officiers de police judiciaire.* Les fonctionnaires publics, ayant cette qualité, peuvent constater, par des procès verbaux, les délits relatifs à la chasse, à la pêche, même aux bois et forêts, et suppléer ainsi soit l'absence, soit la négligence des gardes, 141 et 142.

124. — Peuvent constater par des procès-verbaux, faisant foi en justice, toutes les contraventions aux lois rendues en matière d'eaux et forêts, 134. — Ces procès-verbaux ne sont point soumis à l'affirmation comme ceux des gardes , 135. — Sont chargés de veiller à ce qu'il ne soit construit, sans autorisation , aucun moulin à scie, fourneaux, forges , martinets, verreries et autres établissemens qui occasionnent une augmentation de feu , 140. — Mais ils remettent aux autorités administratives les procès-verbaux par lesquels ils ont constaté les contraventions de ce genre , 141. — Exercent une portion du ministère public dans la poursuite des délits, 154. — L'action publique et l'action civile sont en même-temps par eux intentées, 156. — Sont seuls chargés de la poursuite des délits, 162. Voyez *Officiers des chasses.*

*Officiers supérieurs des Eaux et Forêts.* Peuvent instruire en procédures contre les délinquans, jusqu'au mandat d'arrêt inclusivement, 137 et 138. — Ils exercent cette faculté dans les cas déterminés par la loi, concurremment avec les fonctionnaires publics de l'ordre judiciaire, 139.

*Opposition.* Voyez *Défaut, Recouvrement, Tribunaux.*

*Orme.* Voyez *Arbre.*

*Ouie de la cognée.* Voyez *Adjudicataires.*

*Outrepasse.* Voyez *Adjudicataires.*

*Ouvriers.* Voyez *Adjudicataires.*

## P.

*Paccage.* Voyez *Usager.*

*Panage.* Lorsqu'il est reconnu qu'il y a suffisamment de glands et faînes, les officiers forestiers font un état des porcs qui peuvent être mis au panage, et du nombre de ceux qu'y peuvent envoyer les usagers, 20. Voyez *Glandée.*

*Parcours.* Voyez *Pâturage, Usagers.*

*Parcs.* Voyez *Bois de particuliers.*

*Parois.* Voyez *Arbres.*

*Pâtis.* Voyez *Bois communaux.*

*Pâtres.* Voyez *Bestiaux, Responsabilité.*

*Pâturage.* Il est défendu à toute personne

ayant droit de panage dans les forêts et
bois de toute espèce, d'y mener ou envoyer leurs bêtes à laine, chèvres, brebis
ou moutons, ni même dans les landes et
bruyères, plans, ruines et vagues, aux rives
des bois et forêts, à peine de confiscation des
bestiaux, et de trois francs d'amende pour
chaque bête, 31. — Les bergers et gardes
de telles bêtes, sont condamnés à dix fr.
d'amende pour la première fois, et à l'emprisonnement en cas de récidive, *ibid.* —
Les maîtres et propriétaires sont civilement
responsables des condamnations, *ibid.* —
Les droits de pâturage et de parcours dans
les bois et forêts appartenant, soit à l'état,
ou aux établissemens publics, soit aux particuliers, ne peuvent être exercés que dans
les parties de bois qui ont été déclarées défensables par les officiers forestiers, 32. —
Les bestiaux doivent y être menés et gardés séparément, sans mélange de troupeaux
d'autres lieux, 33. — Les usagers doivent
donner déclaration de leurs bestiaux; il en
est fait un rôle, 34. —Les bestiaux des usa-

gers doivent être marqués d'une même marque ; ils doivent être assemblés chaque jour en un lieu à ce destiné, pour être conduits par un seul chemin, 35. — Les particuliers sont tenus de mettre au col de leurs bestiaux des clochettes, 36. — Il n'est loisible à aucun habitant de mener ses bestiaux à garde séparée, *ibid.* — Les gardes et Pâtres sont nommés annuellement à la diligence du maire, 37. — Ne peuvent, les usagers, prêter leurs noms et maisons aux marchands et habitans des communes voisines, pour y retirer leurs bestiaux, *ibid.* — Les officiers forestiers doivent tenir la main à ce qu'il soit fait et entretenu des fossés le long des routes, où les bestiaux passent pour aller au pâturage, 38. — Les usagers ne peuvent mener leurs bestiaux pendant cinq ans, à compter du jour de l'incendie, dans les landes et bruyères où le feu a passé, ni en approcher plus près de deux mille deux cent vingt-deux mètres, page 39.

*Pêche.* Les droits exclusifs de la pêche sont

enlevées sans avoir été reconnues et adjugées, 118. — Défenses de rompre la glace, d'y porter flambeaux, brandons et autres feux, *ibid.* — La pêche ne peut être faite les jours de dimanche et fêtes, 119. — Il est défendu à toute personne de jeter des immondices, et de mettre les chanvres et lins rouir dans les rivières et étangs, à peine de confiscation et d'amende arbitraire, 121. Voyez *Délits de pêche*, *Gardes forestiers*, *Gardes pêche*, *Rivières non navigables*, *Procès-verbaux*.

*Peines*. Aucune peine afflictive ou infamante n'est prononcée contre les auteurs des délits en matière d'eaux et forêts, 2. — Les seules peines dont ils soient punis, indépendamment de la restitution et des dommages-intérêts, sont l'amende, la confiscation et l'emprisonnemen, 4. (Voyez ces mots.) — Il est défendu aux juges de prononcer les amendes et peines moindres que celles réglées par l'ordonnance de 1669, de les modérer ou changer après le jugement, 199. — Les tribunaux ne doivent avoir aueun égard aux réglemens particuliers, et d'exception qui modifient lesdites peines, 200. — Il ne peut être fait don, remise ou modération des peines, avant ni après les jugemens, *ibid.* Voyez *Bois enlevé, Recouvrement.*

*Pères.* Voyez *Bestiaux, Chasse, Usagers.*

*Perquisition.* Lorsqu'il est nécessaire de faire la recherche d'objets enlevés en contravention des lois, le garde qui l'a jugé nécessaire, requiert le commissaire de police, ou l'officier municipal qui en fait les fonctions, de l'accompagner dans cette perquisition, 150. — Voyez *Commissaire de police, Saisie.*

*Pied cornier.* Voyez *Arbres, Arpenteurs.*
*Places communales.* Voyez *Arbres.*
*Plainte.* Voyez *Tribunaux de première instance.*

*Plans d'arbres.* Il est défendu d'en arracher dans les forêts impériales, sans permission, à peine de punition exemplaire, et de cinq cents francs d'amende, 10.

( 293 )

*Plantations.* Voyez *Maraudage*, *Riverains*,
*Vol de bois.*

*Porcs.* Voyez *Cochons.*

*Pourvoi en cassation.* Voyez *Cassation.*

*Preuves.* Il n'y a pas de délai de rigueur pour
faire ou completter la preuve d'un délit relatif aux eaux et forêts, 189. Voyez *Procès-verbaux*, *Témoins.*

*Procès-verbaux.* Font foi en justice, s'il n'y
a inscription de faux, ou s'il n'est proposé
de cause valable de récusation, 144. — Si
le délit est de nature à emporter une condamnation à une ameude et une indemnité
excédant cent francs, le procès-verbal doit
être appuyé d'un témoignage, à moins qu'il
ne soit signé et affirmé par deux gardes,
*ibid.* — Règles qui doivent être suivies dans
la rédaction des procès-verbaux, 148. — Ils
doivent être rédigés en double minute sur
papier timbré, 150. — Quels sont les procès-verbaux qui sont écrits sur papier visé
pour timbre, 151. — Remise des procès-
verbaux aux officiers forestiers, 164. —
Les procès-verbaux de délits de maraudage,

vol **et** pâturage commis dans les bois de particuliers, peuvent être transmis par les propriétaires au substitut du procureur-impérial, ou aux juges-de-paix ou officiers de la
gendarmerie, pour servir de dénonciation
civique, 167. — Il peut être suppléé à un
procès-verbal déclaré nul, par une autre
preuve, 188.

*Procureurs impériaux.* Représentent le gouvernement, tant en demandant qu'en défendant dans tous les procès. 191.

## Q.

*Quart de réserve.* Voyez *Bois communaux.*

*Question incidente de propriété.* Si, dans
une instance en réparation de délit, il s'élève
une question de cette nature, la partie qui
en excipe, est tenue d'appeler le préfet et
de lui fournir copie de ses pièces dans huitaine. à défaut de quoi il est provisoirement passé outre au jugement du délit, 190.

## R.

*Receveurs de l'enregistrement.* Voyez *Bestiaux, Jugement, Recouvrement.*
*Recours en cassation.* Voyez *Cassation.*

*Recouvrement.* Diligences à faire de la part des receveurs de l'enregistrement, pour le recouvrement des amendes, restitutions et dommages-intérêts, 219. — Voyez *Certificats d'indigence, Contrainte par corps, Frais, Jugemens.*

*Récusation.* Voyez *Procès-verbaux.*

*Remplage.* Voyez *Adjudicataires, Officiers forestiers.*

*Responsabilité.* Les marchands, maîtres de forges, fermiers, usagers, riverains et autres occupant les maisons, fermes et autres héritages dans l'enclos, et à 3 kilomètres des forêts impériales, sont responsables civilement de leurs commis, charretiers, pâtres et domestiques, 14 et 15. Voyez *Bestiaux, Chasse, Pâturage.*

*Restitution.* Emporte contrainte par corps, 3. — Les restitutions, dommages et intérêts doivent être adjugés, pour tous délits, au moins à pareille somme que porte l'amende, 15. Voyez *Amende, Peines, Recouvrement.*

*Riverains* possédant bois joignant les forêts

et buissons impériaux, sons tenus de les en séparer par des fossés qu'ils entretiendront, à peine de réunion, 25. — Il est défendu de planter bois à 714 mètres des forêts impériales, sans permission expresse, à peine de cinq cents francs d'amende et de confiscation, 26. — Il est aussi défendu de construire aucuns châteaux, fermes et maisons dans l'enclos, aux rives et à 2 kilomètres des forêts impériales, à peine d'amende et de confiscation, *ibid.* Voyez *Tranchées*, *Responsabilité.*

*Rivières navigables.* Voyez *Pêche.*

— *non navigables.* Le droit d'y pêcher appartient aux propriétaires riverains, 119. — Ce droit ne peut s'exercer qu'en se conformant aux lois de police rendues sur la pêche, *ibid.* — Les communes riveraines sont tenues d'affermer ce droit, *ibid.* — Les particuliers, autres que les adjudicataires, ne peuvent pêcher dans les eaux, étangs, rivières, fossés, marais et pêcheries communes, 120. — Peines contre les contrevenans, *ibid.* — Les riverains peuvent empêcher toute personne de pêcher le long de leurs propriétés, et faire condamner les contrevenans aux mêmes peines que ceux qui dèchent dans les fleuves et rivières navigables sans en avoir le droit, 121. Voyez *Gardes forestiers*, *Gardes pêche*, *Pêche*.

*Routes*. Les usagers et autres personnes trouvées de nuit dans les forêts impériales, hors les routes et grands chemins, avec serpes, haches, scies ou coignées, sont emprisonnées et condamnées, pour la première fois, à six francs d'amende, et à vingt francs la seconde, 16. Voyez *Arpenteurs*, *Bestiaux*.

*Ruisseaux*. Voyez *Gardes pêche*.

## S.

*Sable*. Il est défendu d'extraire sable, terre, marne et argile dans l'étendue et aux reins des forêts impériales, sous peine de cinq cents francs d'amende et de confiscation des chevaux et harnois, 8.

*Sabotiers*. Voyez *Ateliers*.

*Saisie*. Les gendarmes impériaux et les huissiers doivent procéder, lorsqu'ils en sont requis, à la saisie des bois coupés en délits, vendus ou achetés en fraude, à la charge de ne pouvoir en faire la perquisition qu'en présence d'un officier municipal qui ne peut s'y refuser, 142.

*Sapin.* Voyez *Arbres.*

*Saule.* Voyez *Arbres.*

*Scie.* Voyez *Adjudicataires*, *Arbres.*

*Sciries.* Voyez *Maronage*, *Moulins à scie.*

*Significations.* Les officiers forestiers doivent combiner les significations de manière à en faire faire plusieurs à la fois dans le même canton, par le même huissier, qui ne peut exiger qu'un seul droit de transport, 228. Voyez *Huissiers*, *Recouvrement.*

*Souches.* Voyez *Adjudicataires.*

*Surmesure.* Voyez *Adjudicataires.*

## T.

*Tarif* pour la fixation des amendes au pied de tour, appliquées aux mesures nouvelles, 80.

*Taverne.* Voyez *Officiers forestiers.*

*Témoins.* Les receveurs de l'enregistrement dressent à la fin de chaque trimestre des états distincts et séparés des salaires des témoins qui ont pu être administrés par les officiers forestiers, 225. — Formalités auxquelles ces états sont soumis, *ibid.* oyez *Audiences, Appel.*

*Terre.* Voyez *Sable.*

*Terriers.* Voyez *Chasse.*

*Tiers et danger.* Voyez *Bois tenus en tiers et danger.*

*Tilleul.* Voyez *Arbres.*

*Tournans.* Voyez *Adjudicataires.*

*Tourneurs.* Voyez *Atteliers.*

*Tranchées.* Voyez *Arpenteurs.*

*Tribunaux.* Voyez *Peines, Tribunaux de police, Tribunaux de première instance.*

*Tribunaux de police.* Ne peuvent en aucun cas connoître des délits de chasse et de pêche, 171. — Ils connoissent des délits forestiers dont la peine n'excède ni la valeur de trois journées de travail, ni trois jours d'emprisonnement, lorsque la poursuite de ces délits n'est pas faite par les officiers fo-

( 300 )

restiers, 174. — Les citations devant ces tribunaux sont données par la partie plaignante, ou à sa requête par le commissaire de police, 178. — Elles sont notifiées par un huissier, 178. — Mais les parties peuvent comparoître volontairement, *ibid.* — Intervalle nécessaire entre la citation et la comparution, 179. — Comparution de la personne citée à l'audience, 183. — L'instruction est publique, 184. — Ordre dans lequel elle se fait, *ibid.* — Les jugemens de ces tribunaux sont sans appel, 195. — Ils sont prononcés à l'audience à laquelle chaque affaire a été portée, ou au plus tard à la suivante, *ibid.* — Ces jugemens sont motivés et contiennent les termes de la loi appliquée, *ibid.* Voyez *Cassation*, *Défaut*, *Peines.*

*Tribunaux de première instance.* En séance de police correctionnelle, connoissent, 1°. de tous les délits de chasse dans les bois, et de pêche dans les rivières; 2°. de tout délit forestier, dont la peine excède trois journées de travail ou trois jours de prison;

3°. des délits forestiers dont la peine n'excède pas ce taux, lorsque ces délits sont poursuivis par les officiers forestiers, 174. — Les citations données à la requête des particuliers et des administrateurs légaux des communes et des établissemens publics, doivent contenir la plainte, et ne peuvent être signifiées qu'après avoir été visées par le directeur du jury, 179. — Les citations données à la requête des officiers forestiers, sont faites au nom de l'administration générale des Eaux et Forêts, *ibid.* — Les huissiers sont chargés des significations, 181. — L'exploit de citation est précédé de la copie du procès-verbal qui a donné lieu à la poursuite, *ibid.* — La citation indique le jour fixe de l'audience, qui doit être pour le plus tard la première après la huitaine, *ibid.* — Les officiers forestiers ne sont point tenus de faire viser par le directeur du jury la citation qu'ils font donner aux délinquans, 182. — Enregistrement des exploits de citation, *ibid.* — L'inspecteur forestier demande au président du tribunal d'assigner un jour pé-

# U.

*Urgente nécessité.* Voy. *Bois de particuliers.*

*Usagers.* Sont les particuliers ou les communes qui ont le droit de faire paître leurs bestiaux ou de prendre du bois dans les forêts, 3o. — Ceux qui refuseroient de porter du secours en cas d'incendie, seroient privés des leurs droits dans la forêt, 3g. Voyez *Affouage, Chablis, Glandée, Maronage, Panage, Pâturage.*

*Usufruitiers.* Voyez *Bestiaux, Bois de particuliers, Concessionnaires.*

# V.

*Vacans.* Voyez *Arbres.*

*Vaches,* Voyez *Bestiaux.*

*Vanniers.* Voyez *Atteliers.*

*Vaux.* Voyez *Bestiaux.*

*Ventes extraordinaires.* Ne peuvent avoir lieu dans les forêts, bois et buissons impériaux, qu'en vertu d'un décret impérial, à peine de restitution du quadruple, contre

FIN DE LA TABLE.